Jörg-Peter Schröder

Burnout keine Chance – Übungen für effizientes Präventionstraining

Mit Anti-Burnout-Firewall

W0190980

Das vorliegende Werk ist eine überarbeitete und
erweiterte Ausgabe des Titels „Die Anti-Burnout-Fibel"
aus der Reihe Persönlicher Erfolg, Cornelsen Verlag Scriptor.

Verlagsredaktion:
Erich Schmidt-Dransfeld
Technische Umsetzung:
Holger Stoldt, Düsseldorf
Umschlaggestaltung:
Gabriele Matzenauer, Berlin
Titelfoto:
© Yuri Arcurs / gettyimages®

Informationen über Cornelsen Fachbücher und Zusatzangebote:
www.cornelsen.de/berufskompetenz

1. Auflage

© 2012 Cornelsen Verlag, Berlin

Druck:
H. Heenemann, Berlin

ISBN 978-3-589-24072-2

 Inhalt gedruckt auf säurefreiem Papier aus nachhaltiger Forstwirtschaft.

Inhalt

Einleitung

„Die Trauer kommt und geht ganz ohne Grund. Und man ist angefüllt mit nichts als Leere. Man ist nicht krank, und ist auch nicht gesund.
Es ist, als ob die Seele unwohl wäre ..." (Erich Kästner)

Wenn die Seele aus dem Takt kommt, schleicht sich das Ausbrennen ins Leben ein – bis irgendwann überhaupt nichts mehr geht. Rien ne va plus! Wem es sehr schwerfällt, sich zu konzentrieren, wer nachts nicht abschalten kann und auch im Urlaub keine Erholung mehr findet, der hat möglicherweise bereits Anzeichen von Burnout. Das Burnout-Syndrom greift insbesondere in großen Organisationen schleichend um sich. Die Auswirkungen der „Infektion" sind nicht so schnell sichtbar wie bei der Schweinegrippe, doch die langfristigen Schäden sind gravierender.

Belastungen und Krisen führen häufig zu Angst und Unsicherheit. Mögliche Folgen wie Depressionen, Burnout und Mobbing sind Trendthemen unserer Gesellschaft, die sich in einem Wandel befindet. Die Komplexität und der Effizienzdruck in den Unternehmen steigen. Nicht nur Erwartungen von Vorgesetzten und eigene Ansprüche erhöhen den Druck auf Mitarbeiter. Das Burnout-Syndrom hat Auswirkungen auf die eigene Gesundheit und die Profitabilität von Unternehmen, in denen Menschen arbeiten. Seit dem Erscheinen meines Buches „Wege aus dem Burnout" (Cornelsen Scriptor 2006) habe ich die Hintergründe des Ausbrennens noch stärker beleuchten und notwendige Präventionsmaßnahmen und Seminarübungen besser herausarbeiten können.

Das Hauptanliegen dieses Trainingsbuches ist es, auf Basis konkreter Beispiele, Aufgaben und Übungen dem Leser vor, nach oder parallel zu einer Weiterbildungsmaßnahme, wie zum Beispiel einem Seminar oder einem Workshop, Wege aufzuzeigen, wie ein Burnout vermieden werden kann oder bei bestehendem Burnout einen Ausstieg zu ermöglichen.

In Ergänzung zu den gut gemeinten Ratschlägen in Sachbüchern sollen auch die komplexen Ursachen und Wechselwirkungen aufgegriffen werden, um auch der strukturellen Thematik Rechnung zu tragen, damit die Weichen in Richtung einer gesunden Weiterentwicklung für Menschen und Unternehmen gestellt werden können.

Inhaltlich ist dieses Buch in fünf Kapitel gegliedert: Zunächst wird erläutert, was Burnout ist und wie es zu dem „Ausbrennen" kommt. Im Kapitel 2 lernen Sie, welche Umweltbedingungen Burnout begünstigen und fördern. Auf dem schmalen Grat zwischen halb voll und ganz leer lernen Sie Selbsteinschätzungs- und Testverfahren kennen, um ein Burnout-Syndrom zu erkennen (Kapitel 3). Neben der Selbsteinschätzung geht es auch um die Fremdbewertung.

Die präventiven Schritte aus dem Burnout werden im Kapitel 4 ausführlich erläutert. Es werden konkrete Lösungsmöglichkeiten für den Seminarteilnehmer aufgezeigt, um adäquater mit Dauerbelastungen, chronischer Erschöpfung, Stress und Hektik umzugehen und zu mehr Gelassenheit zu gelangen. Da wir alle durch Rahmenbedingungen, Erziehung, Erfahrung und Einstellung geprägt sind, gibt es keine Standardrezepte zum Umgang mit Burnout. Auf Basis des Acht-Phasen-Modells der

Transformation lernen Sie, Ihren Turnaround individuell zu vollziehen, sodass Sie in Zukunft SINN-voll mit Erwartungen und alten Verhaltensmustern ganz und anders umgehen können.

Um nicht innerlich auszubrennen, wird im Kapitel 5 ein Schwerpunkt auf die Burnout-Firewall und die Work-Life-Integration als Schlüsselkompetenzen auf dem Weg zur persönlichen Gesundheitsförderung gelegt. Ziel ist, dass Sie Ihre kostbaren Energiereserven bewahren und unnötigem Verschleiß vorbeugen. Dabei gehe ich auch auf die Aspekte der Unternehmensgesundheit ein. Mein Anliegen ist es, eine inhaltliche Brücke zwischen dem Individuum und dem Betrieb im Thema Burnout zu bauen. Denn Burnout hat zwei Fassetten: Die persönlichen und gesundheitlichen Folgen für den Betroffenen und die Auswirkungen auf die Produktivität und Kultur innerhalb eines Betriebes.

Dieses Buch ist jedoch kein Ersatz für psychoanalytische, psychologische oder schulmedizinisch notwendige Therapien für Menschen, die aufgrund ihres Burnouts professioneller therapeutischer Unterstützung bedürfen.

Seit 1987 beschäftige ich mich damit, wie es Menschen gelingt, im Spannungsfeld von innerem Anspruch und äußeren Rahmenbedingungen und bei zunehmender Komplexität und stärkerem Druck zu bestehen. Ein Burnout fordert die individuelle Persönlichkeitsentwicklung heraus und kann eine sinnvolle Veränderungsinitiative einläuten. Dieser Transformationsprozess beginnt mit dem Aufbau von Ressourcen. Auf Tuchfühlung mit der Seele gelingt es über die eigene Wahrnehmung und die körperliche Spürerfahrung, die körperlich-geistige Erschöpfung zunächst überhaupt anzuerkennen. Die Orientierung trägt dazu bei, dass der wunde Punkt zum Wendepunkt für etwas Neues werden kann. Ist die Eigenverantwortlichkeit erst einmal gestärkt und der Möglichkeits(t)raum betreten, können wir wieder leichter und spielerischer mit den Dingen und uns selbst umgehen.

In prägnanter Form möchte ich Ihnen die wichtigsten theoretischen Aspekte zur Prävention und Behandlung des Burnouts mit praktischer, aber nicht immer bierernster Anwendbarkeit aufzeigen. Auf Basis klarer Beispiele und Übungen geht es darum, sich selbst die Erlaubnis zu geben, dass es nicht angestrengt weitergehen muss. Wenn wir die Dinge ganz und anders betrachten, dürfen wir uns von antrainierten Lebensmustern bewusst verabschieden. Ich habe dieses Trainingsbuch daher nicht als Ratgeber, sondern als seminarbegleitende oder -ergänzende Vertiefung für eine persönliche Kompetenzentwicklung und betriebliche Veränderungsprozesse geschrieben.

Ich wünsche Ihnen, dass Sie in Ergänzung zu Ihrer Weiterbildungsmaßnahme Ihren ganz persönlichen Weg für eine gesunde Weiterentwicklung finden und dazu beitragen können, dass sich die Arbeitsbedingungen und die Mitarbeiterkultur in Ihrem Unternehmen gesund entwickeln.

Rheinhessen, im April 2012   Ihr *Dr. Jörg-Peter Schröder*

Ziele hinterfragen und Erwartungen klären

„Wir können einander verstehen,
aber deuten kann jeder nur sich selbst."
(Hermann Hesse)

Die Vergangenheit ist vorbei und Sie haben sie überlebt. Gott sei Dank. Vielleicht haben Sie jetzt vor, dass es anders weitergehen soll. Menschen, die sich selbst auf die Spur kommen wollen und vorhaben, bestimmte Dinge in Zukunft anders zu machen, sich verändern oder neu erfinden wollen, haben häufig zu hohe Ansprüche oder Erwartungen an die Zukunft, an die Arbeit oder auch an sich selbst. Die Folge davon sind überzogene oder viel zu hoch gesteckte Ziele. Aus dem Projektmanagement wissen wir: Ziele müssen realistisch, messbar und kontrollierbar sein. Wenn jedoch das Ziel bereits völlig unrealistisch ist, werden Sie es auch nicht erreichen können.

Bevor Sie also (mit Seminarteilnehmern, im Workshop oder auch allein) in die Thematik einsteigen, möchte ich Sie bitten, die folgenden Fragen ganz in Ruhe für sich zu beantworten. Wenn Ihnen der Platz für die Antworten hier nicht ausreicht, arbeiten Sie bitte auf einem extra Blatt Papier.

→ **Vorab-Reflexion**

Meine Erwartungen an die Zukunft sind:

_____

Meine Erwartungen an mich sind:

_____

Meine Erwartungen an meine Arbeit sind:

_____

Meine persönlichen Entwicklungsfelder sind:

_____

Woran können andere und ich selbst feststellen, dass eine Verbesserung oder Veränderung eingetreten ist?

_____

In den einzelnen Kapiteln werde ich Ihnen immer wieder Reflexionsfragen stellen. Zudem habe ich Seminarübungen für Sie entwickelt, die Ihnen helfen sollen, das zu machen, was Ihnen am besten entspricht.

1 Burnout verstehen

„Die schwierigste Turnübung ist immer noch, sich selbst auf den Arm zu nehmen."
(Curt Goetz, 1888-1960, dt.-schweiz. Schriftsteller und Schauspieler)

Lern- und Arbeitsziel
In diesem Kapitel geht es darum, zu verstehen, was Burnout ist. Dabei geht es um ein Verständnis für die Komplexität der Erkrankung.

1.1 Was ist eigentlich Burnout?

Der Ausdruck wurde 1974 von dem Psychoanalytiker Freudenberger geprägt. Er zeigte damals, dass es eine Erschöpfung durch Mitgefühl und enttäuschte Liebe gibt, die ausgerechnet Menschen in den helfenden Berufen auffrisst. Menschen in diesen Berufen sind besonders stark für ihre Tätigkeit engagiert und machen ihre Arbeit mit großem Enthusiasmus. Wenn sie dann persönliche oder von außen gesetzte Grenzen erleben, führt dies zu Enttäuschung und einem Verflachen der Energiekurve. Andere zeigen sich schneller anfällig für Krankheiten, sind leichter gereizt oder werden depressiv. Solche Erfahrungen des Ausbrennens nagen am eigenen Selbstwertgefühl und zehren an den Energiereserven.

Bei Menschen, die ihre Leistungsgrenzen mit höchsten Erwartungen an sich selbst und an andere dauerhaft mit einer Überlast an Arbeit überschreiten, kommt es zu Aussagen, wie: „Ich fühle mich wie gerädert", „Ich habe an nichts mehr Spaß", „Nachts kann ich kaum mehr schlafen", „Mir kommt alles so sinnlos vor" oder „Ich bin am Ende meiner Kräfte". Solche Menschen arbeiten überdurchschnittlich lange und sind nach der Arbeit ausgelaugt und energielos. Immer weniger können sie sich in der Freizeit dazu aufraffen, mit der Familie oder Freunden etwas zu unternehmen; selbst ein Telefonklingeln wird als zu viel empfunden.

Wer dann Mehrarbeit oder die Belastungen des Arbeitstages im Geiste sogar noch mit nachhause nimmt, ist in Gefahr, innerlich auszubrennen. Der Körper schreit nach Erholung – die Lebensbatterie ist nach dem Raubbau mit den eigenen Energien leer. Menschen, die sich für eine Sache oder ein Projekt entflammt hatten, sind wie Phosphor aus- und abgebrannt. Zurück bleibt eine große innere Leere – ohne zündende Ideen, wie es weitergehen könnte. Chronische Belastungen und Dauerstress in Hochpotenz können bei mangelnder Abgrenzungsfähigkeit zum Burnout-Syndrom führen. Ein Hauptfaktor für Stress bei mangelnder Abgrenzung ist, wenn man „Ja" sagt, aber „Nein" meint. Ein Klient in einer Coaching-Sitzung sagte: *„Ich habe einen Sprachfehler – ich kann nicht ‚Nein' sagen."*

Das Burnout-Syndrom ist nach der WHO-Klassifikation von Erkrankungen (ICD-10-Klassifikation) keine wirklich anerkannte Krankheit, sondern mehr eine Beschreibung für eine hochkomplex entstandene Situation, die sich in verschiedenen Fassetten zeigen kann. Es wird als ein Zustand der totalen Erschöpfung definiert. Es kommt zu einer permanenten, angespannten und zu hohen Energieabgabe für eine zu geringe Wirkung bei ungenügendem Energienachschub. Es ist als eine Art Kontinuum zu verstehen, bei dem der Betroffene mit einem Bein in der Gesundheit und mit dem anderen in der Krankheit steht. Der Betroffene pendelt zwischen Gesundheit und Krankheit hin und her.

Da Burnout keine scharfe Diagnose im Sinne der Klassifikationssysteme ist, ist es sehr wichtig, dass eine echte Depression ausgeschlossen ist. Dies können nur fachärztliche Experten differenzialdiagnostisch abklären. Im Gegenteil wäre nach Ansicht von Psychiatern mehr Schlaf bei einer Depression möglicherweise sogar kontraindiziert.

Was passiert, wenn Menschen sich bei chronischen Belastungen und unter Dauerstress komplett über die eigenen Energiegrenzen verbrauchen und ausbrennen? Nach einschlägigen wissenschaftlichen Theorien, den Resultaten erfolgreicher Projekte und eigener Erfahrung von mehr als 20 Jahren Arbeit an der Nahtstelle von Führung, Gesundheit und Persönlichkeit ist für mich das Burnout-Syndrom grundsätzlich durch vier Kernsymptome des inneren Ausbrennens charakterisierbar:

Vier Kernsymptome des inneren Ausbrennens

1. Emotionale Erschöpfung
Die Menschen in diesem Zustand fühlen sich ausgelaugt und sind müde. Das gerade in helfenden Berufen wichtige Mitgefühl nimmt ab und die emotionalen Reaktionen gegenüber anderen Menschen flachen ab.

2. Reduzierte Leistungsbereitschaft und mangelnde Leistungsfähigkeit
Menschen, die ausgebrannt sind, fühlen sich den Anforderungen, die an sie gestellt werden, nicht mehr gewachsen. Sie haben das Gefühl, immer weniger zu erreichen, obwohl sie sich immer mehr vornehmen und immer mehr anstrengen. Anfänglich können die beginnenden Gefühle von Inkompetenz noch kompensiert werden. In späteren Phasen kommt es dann zur Resignation.

3. Enttäuschung und illusionäre Verkennung
Bei vielen findet sich ein Sehnen nach Anerkennung, eine nicht erfüllte Liebe oder Sehnsucht, eine Diskrepanz zwischen Erwartung und Realität und/oder eine illusionäre Verkennung. Die Enttäuschung ist dann vorprogrammiert, wenn die ersehnte Anerkennung nicht erhalten wird. Ein Hauptaspekt manifestiert sich im beruflichen Umfeld, wenn die Wertschätzung für die massive Anstrengung der geleisteten Arbeit – auch in Form finanzieller Entlohnung – als zu gering empfunden wird. Dies wird auch als Effort-Reward-Imbalance und Gratifikationskrise bezeichnet. Ein Ziel ist es, die Balance zwischen Erwartungshaltung und Realität zu justieren.

4. Schwund der Authentizität

Die wirklich persönliche, authentische Lebendigkeit in der Arbeit weicht einer professionellen Distanz – bis dahin, dass Menschen nur noch mechanisch funktionieren. Im Fachjargon nennt man dies Depersonalisation. Eine Folge davon ist eine zunehmend zynische negative Einstellung. Dieser mit Motivationsverlust einhergehende Erschöpfungszustand ist ein bedrohliches Symptom, das – vor allem wenn es sich um fortgeschrittene Stadien handelt – einer professionellen Unterstützung durch auf diesem Gebiet erfahrene Spezialisten bedarf.

Dabei sind es nicht körperliche Schwerstarbeit oder z.B. gesundheitsgefährdender Lärm, die uns am Arbeitsplatz ausbrennen lassen. An erster Stelle machen vielmehr intrapersönliche und zwischenmenschliche Faktoren krank, gefolgt von (arbeits-)organisatorischen Bedingungen.

Fallbeispiel

Magdalena Zehner spürte immer deutlicher, dass sie den Anforderungen nicht mehr entsprach. Dabei liebte sie doch ihren anspruchsvollen, anstrengenden Job, bei dem sie sich viel Anerkennung verschafft hatte. Obwohl die 34-jährige Baustatikerin eines großen Architekturbüros wusste, dass sie früher sehr leistungsfähig war, beschlich sie immer öfter das Gefühl, dass sie noch mehr leisten, sich anstrengen und besser funktionieren müsste.

Der vorherige Schwung und die Leichtigkeit waren weg. Das morgendliche Aufstehen fiel immer schwerer. Wie mit Blei in den Beinen schleppte sie sich zur Arbeit. Die einst so virtuos mit Zahlen spielende Ingenieurin wurde zum Opfer ihrer Unkonzentriertheit und Merkfähigkeitsstörungen. Obwohl sie sich zusammenriss und noch mehr anstrengte, war das Ergebnis nur noch schlechter. Es machte sie aggressiv, dass ihr Engagement und die vielen geleisteten Überstunden weder von ihrem Chef noch von den Kollegen gewertschätzt wurden. Ganz zu schweigen von dem Gehalt, das sie im Verhältnis zu ihrer Verantwortung und Position als zu gering empfand.

Während des Tages konnte sie sich emotional noch gerade über Wasser halten. Doch bei ihrer Heimkehr am Abend platzten die Dämme. Sie regte sich auf wegen jeder Kleinigkeit. Sie definierte sich noch mehr über ihre Arbeit und zog sich immer weiter aus dem Privatleben zurück. Erst nach der Kur in einer psychosomatischen Klinik, den regelmäßigen Treffen mit ihrem Coach und der professionellen Unterstützung im betrieblichen Gesundheitsmanagement konnte sie ihre Situation besser reflektieren, durch den gewonnenen Abstand ihre Ansprüche revidieren und die eigene Lebenshaltung verändern.

1.2 Die Abwärtsspirale des Burnouts

Die geminderte Leistungsfähigkeit und das Unglücklichsein sind das Resultat einer Selbstausbeutung über die Grenzen der Gesundheitsschädigung hinaus, die sich schleichend vollzieht. Das Ausbrennen ist ein Prozess im Sinne einer sich nach unten zusammenziehenden Abwärtsspirale. Die einzelnen Windungen sind dabei nicht klar voneinander abgrenzbar. Vielmehr handelt es sich um ein Kontinuum; es besteht ein fließender Übergang zwischen den Spiralwindungen, wobei die Reihenfolge der Windungen und der zeitliche Verlauf individuell variieren können. Auch muss nicht jede Phase zwingend auftreten. Je nach Hauptursache für das Burnout manifestieren sich die Symptome in der Vollausprägung nach wenigen Monaten bis zu vielen Jahren.

Es ist jedoch schwierig festzustellen, wann der Eintritt in diese Abwärtsspirale beginnt, weil die Betroffenen durch den schleichenden Beginn gar nicht genau merken, dass sie in einen solchen Strudel geraten. Nicht jede Windung muss zwingend durchlaufen werden, manchmal werden Phasen übersprungen. Viele verharren in der Rückzugsphase mit zynischer und selbstmitleidiger Verstimmung und der Verleugnung der Situation. Je weiter dieser Prozess fortgeschritten ist, umso schwieriger ist es, ihn umzukehren.

Grundsätzlich hängt der Schweregrad des Burnouts von komplexen Lebensdimensionen ab – von der Einstellung, dem Selbstbild, der Persönlichkeit, den Erfahrungen, dem Wissen, der Reflexionsfähigkeit und dem Willen und der Fähigkeit zur Bewältigung der momentanen Situation.

Bitte beachten Sie aber: Einzelne Phasen können auch als ganz normale menschliche Reaktionen auf bestimmte Ereignisse eintreten, die nicht unbedingt mit Burnout in Verbindung gebracht werden dürfen. Sie dürfen nicht ein Burnout-Syndrom „diagnostizieren", nur weil Sie das eine oder andere derzeit bei sich erleben. Zudem befindet sich nicht jeder in einem Burnout, der gerade gestresst ist.

Das Wichtigste ist, dass Sie den Grund für das Burnout erkennen. Wenn Sie diesen gefunden haben, sind Sie bereits wieder auf dem Weg heraus aus der Burnout-Spirale und mittendrin im Heilungswirbel.

Unterschiedliche Autoren und Wissenschaftler beschreiben die Phasen des Burnouts quantitativ und inhaltlich unterschiedlich. Als Grundsystematik des Burnouts hat sich das Modell nach Seyle etabliert, welches den Verlauf in Alarmphase, Resistenzphase und Erschöpfungsphase aufteilt.

Im Coaching arbeite ich mit einem modifizierten Sieben-Phasen-Modell, das ich Ihnen im Folgenden vorstellen möchte.

Sieben-Phasen-Modell des Burnouts

1. Einstieg in die Abwärtsspirale: angestrengt idealistische Mehrarbeit

Der Beginn der Abwärtsspirale ist durch eine Ambivalenz aus hyperaktivem Engagement und flammender Begeisterung für ein Projekt oder Ziel gekennzeichnet, möglicherweise einhergehend mit Gefühlen wie Unentbehrlichkeit und Zeitmangel und andererseits Erschöpfung, chronischer Müdigkeit und Energiemangel.

Diese Phase ist am schwierigsten zu erkennen. Die eigenen Bedürfnisse werden trotz Erschöpfung und Müdigkeit verleugnet. Der Wunsch, den anderen zu zeigen, wie gut man ist, verwandelt sich in einen Zwang.

Wir finden diesen Zustand häufig bei Menschen, die (un)freiwillig unbezahlte Überstunden und Mehrarbeit leisten. Oft haben diese Menschen eine verbissene Einstellung zu Erfolg und Leistung, gepaart mit übertriebenen Ansprüchen und unrealistischen Erwartungen, häufig aus dem Grund, bloß alles richtig machen zu wollen. Das Sich-Hineinsteigern in noch mehr Arbeit wird häufig als selbst zugefügte innere Versklavung und mit stiller Verzweiflung wahrgenommen.

2. Distanz

Nach einer Phase des Sich-beweisen-Müssens setzt ein Zustand der Ernüchterung und des Widerwillens ein, bei dem die positive Einstellung, der Spaß und das Engagement bezüglich der Arbeit verloren gehen. Die anfänglich noch unter größten Anstrengungen verstärkte Arbeitswut wird reduziert. In der Folge kann es zu überlangen Arbeitspausen und Fehlzeiten am Arbeitsplatz kommen.

Kompensatorisch wird die Priorität auf private Aktivitäten gelegt. Im Umgang mit Kollegen und Kunden besteht eine Verflachung der Emotionen, bisweilen tritt Zynismus auf. Kontakte werden gemieden.

3. Emotionalisierung

Die Faktoren dieser Windung sind einerseits eine aggressive Komponente, die sich in Vorwürfen, erhöhter Reizbarkeit, Wut, Launenhaftigkeit und Schuldzuweisungen äußert, andererseits lassen sich Schwankungen der Stimmung, Schwächegefühl, Abstumpfungs- und Leeregefühle, Selbstmitleid, Angst und depressive Verstimmung nachweisen. In dieser Phase werden eigene Bedürfnisse (Schlaf, Selbstreflexion, Entspannung) vernachlässigt und die eigene Aufmerksamkeit reduziert. Gleichzeitig werden Konflikte, Angst und Versagensängste verdrängt.

Bereits in diesem Stadium kann es zu einem körperlichen Zusammenbruch kommen.

4. Abbau

Konzentrations-, Merk- und allgemeine Arbeitsleistungsfähigkeit nehmen weiter ab, das Organisationsvermögen schwindet, die Motivation sinkt, Initiative und Kreativität verflachen. Bei der Arbeit wird nur noch das Nötigste erledigt. Die Energiereserven sind erschöpft – alles läuft auf Sparflamme. Zudem kommt es zu einer Entdifferenzierung bis Verwirrung. Trotzdem werden auftretende Probleme durch vielschichtige Mechanismen verleugnet.

Dadurch, dass die Menschen in dieser Phase sich selbst überspringen und eigene Bedürfnisse permanent übergehen, kommt es zu Veränderungen des Wertesystems und der Wahrnehmungen. So wird es zunehmend schwierig, zwischen dem real Wichtigen und dem irreal Unwichtigen zu unterscheiden.

5. Desinteresse und Gleichgültigkeit

Die Emotionen sind auf dem Nullpunkt angelangt. Das Interesse an privaten Unternehmungen erlahmt, Sport und Hobbys werden aufgegeben, Desinteresse, Intoleranz und Zynismus machen sich breit. Es kommt zu einem Rückzug auf allen Ebenen mit einer Verflachung der Persönlichkeit, die sich in Auffälligkeiten im Verhalten zeigen kann.

Viele Menschen sind in dieser Phase telefonisch oder per E-Mail nur noch schwer erreichbar und gehen allen Kontakten aus dem Weg. Ein Klient sagte mir in einer Coaching-Sitzung: *„Ich komme mir vor wie ein Roboter, der auf Knopfdruck funktioniert und die Dinge ausführt, auf die er programmiert ist – ohne Gefühle und Lebendigkeit."* Es setzt eine innere Leere mit gähnender Gleichgültigkeit gegenüber anderen ein.

6. Depersonalisierung und körperliche Symptome

Die Logik und das Verständnis für die eigene Persönlichkeit kommen abhanden. Die Selbstverleugnung erfolgt über eine Selbstverneinung des eigenen Körpers. Die gesamte Klaviatur möglicher Somatisierungen kann durchlaufen werden.

Beispiele: Dauernde Erkältungskrankheiten durch Schwächung des Immunsystems, Unfähigkeit zur Entspannung in Privatleben und Freizeit, Ohrgeräusche, Ein- und Durchschlafstörungen, Albträume, Schmerzen in den Muskeln und Gelenken, Übelkeit, Magen- und Darmprobleme, sexuelle Probleme, Atemprobleme, Sehstörungen, Schwindel, Kopfschmerzen, Herzrhythmusstörungen, Engegefühl in der Brust, Veränderung der Pulsfrequenz, Veränderungen des Gewichts, Zu- oder Abnahme des Appetits mit nachfolgender Änderung der Essgewohnheiten (vom Schokolade-in-sich-Hineinfressen bis zur völligen Nahrungskarenz).

Kompensatorisch kann es zu erhöhtem Alkohol- und Medikamenten-, Tabak- und Drogenkonsum kommen.

7. Rien ne va plus (Nichts geht mehr)

In der letzten Phase herrscht eine maximal negative Einstellung zum eigenen Leben mit schwerer Depression. Die Betroffenen empfinden eine tiefe Sinnlosigkeit, Hoffnungslosigkeit, Angst, absolute Verzweiflung und existenzielle Bedrohung. Sie sehen keinen Ausweg mehr aus dieser maximalen Erschöpfung. Vielen ist alles egal. Das Leben scheint sinnlos und wertlos. Der Alkohol-, Drogen- und Tablettenkonsum kann weiter zunehmen.

In dieser Phase des Totalzusammenbruchs und der Apathie kann es zur Lebensaufgabe mit Suizidgedanken kommen.

Interessant ist, dass sich mit jeder weiteren Spiralwindung der individuelle Bewegungs-, Handlungs- und Möglichkeitsspielraum und so auch der Aktionsradius weiter einschränkt. Der individuelle Leistungsdruck wird anfänglich noch verstärkt. Das Selbstwertgefühl wird weniger. Scham und Verunsicherung machen sich breit.

Obwohl die Anstrengungen, den selbst gesteckten Erwartungen zu genügen, anfänglich noch größer werden, gelingt es in fortgeschrittenen Phasen des Burnouts immer weniger, sich selbst aus dem „Sumpf" zu ziehen. Die Handlungsfähigkeit wird immer kleiner. Und die Kraft wird immer geringer. Die Herausforderung besteht häufig darin, dass viele Betroffene ihren Grad des Burnouts erst wahrhaben wollen, wenn es schon (fast) zu spät ist. Daher ist es wichtig, sich professionelle Hilfe zu holen.

Klienten berichten, dass sie sich fühlten, als ob sie mit Vollgas auf der Stelle durchdrehen und nicht mehr vom Fleck kommen würden. Dieser Dauer-Vollgas-Zustand kostet maximale Energie. Und diese Kraft wird für Alltagsaufgaben verwendet.

Die individuelle Reaktion auf Belastungen ist unterschiedlich: Einige Menschen reagieren bereits bei wenig Stress mit hoher Alarmbereitschaft, andere können stressreiche Ereignisse locker bewältigen. Dies hat viel mit dem Erleben und der Bewertung des als unangenehm empfundenen Spannungszustands zu tun. Die negative Interpretation von Ereignissen und die sorgenvollen Gedanken, die sich darum ranken, was so alles schiefgehen könnte, erzeugen Druck und belasten sehr.

→ Zusammenfassung

→ Die traurigen Fakten: Burnout wird immer häufiger diagnostiziert. Die Symptome variieren von Müdigkeit, Nervosität, Unruhe, Schlafstörungen über Depressionen, Magen- und Rückenschmerzen bis zur Suizidneigung. Die Intensität ist individuell unterschiedlich. Wichtig ist, dass von fachärztlicher Seite eine echte Depression ausgeschlossen wird.

→ Die gute Nachricht: Burnout lässt sich vermeiden. Das frühzeitige Erkennen der Symptome, ein adäquater Umgang mit Belastungen und eigenen Erwartungen, das Anwenden von Bewältigungsstrategien und präventive Maßnahmen sind von großer Bedeutung.

→ Das Burnout-Syndrom ist eine Extremvariante von Überengagement, erlebten Dauerbelastungen und Überforderungen, überzogenen Erwartungen, Anspannung und Enttäuschungen bei mangelnder Entspannung und Erholung, die sich als eine nach unten enger werdende Abwärtsspirale darstellen lässt.

→ Die Anforderungen an die Situation werden höher eingeschätzt als die für die Bewältigung der Situation vorhandene Energie.

→ Ein Hauptpunkt des Burnouts sind die unterschiedlichen Mechanismen der Verleugnung. Hinzu kommt, dass die körperlichen Symptome stärker werden, je tiefer die Personen in die Spirale des Burnouts geraten.

→ Angst ist ein häufiger Begleiter auf dem Weg ins Burnout. Je erfolgreicher die hemmende Energie der Angst in positive Handlungsenergie gewandelt werden kann, desto besser die Vorzeichen für die Vermeidung oder für den Ausstieg aus der Negativspirale eines Burnouts.

Das folgende Aufgabenblatt, das am Ende jeden Kapitels steht, kann von der Verlagswebseite www.cornelsen.de/berufskompetenz als Download zum Bearbeiten auf dem PC heruntergeladen werden.

→ **Resümee, Umsetzung, Transfer**

1. Persönlicher Aktionsplan

Welches sind für mich die wichtigsten Erkenntnisse aus diesem Kapitel?

_____

_____

Wo, wann und wie werde ich diese in die Praxis umsetzen?

_____

_____

2. Notizen

Welche Wirkung möchte ich konkret für mich erzielen?

_____

_____

Worauf muss ich besonders achten?

_____

_____

3. Follow-up-Übung – die persönliche Evaluation

Bitte bearbeiten Sie diesen Bereich circa vier Wochen nach dem Seminar/Workshop bzw. nach Durcharbeiten dieses Kapitels.

Was ist mir bei der Umsetzung meines Aktionsplans besonders gut gelungen?

_____

_____

Was ist mir bei der Umsetzung meines Aktionsplans weniger gut gelungen?

_____

_____

Was waren die Hindernisse?

_____

_____

Welche Erkenntnisse gewinne ich daraus?

_____

_____

2 Umfeldbedingungen – Warum Menschen ausbrennen

„Man bleibt jung, solange man noch lernen,
neue Gewohnheiten annehmen und Widerspruch ertragen kann."
(Marie von Ebner-Eschenbach)

In diesem Kapitel geht es darum, herauszuarbeiten, warum Menschen ausbrennen. Es geht darum, ein Verständnis für die Symptome und die dahinter liegenden Gründe zu entwickeln. Auf dieser Basis dürfen Sie sich selbst hinterfragen.

Befindet sich ganz Deutschland in einer Burnout-Krise? Im Alten Testament heißt es im zweiten Buch Mose (17–18) bereits: *„Da sprach der Schwiegervater Moses zu ihm: Die Sache ist nicht gut, die du tust; du wirst ganz erschlaffen, sowohl du, als auch dieses Volk, das bei dir ist; denn die Sache ist zu schwer für dich, du kannst sie nicht allein ausrichten."* Bei Pastoren und Priestern ist die Elias-Müdigkeit beschrieben. So ganz neu sind die Symptome des Burnout-Syndroms nicht. Sehr wohl aber die Hintergründe des Syndroms.

Burnout ist nach Ots das Gefühl des enttäuschten Brennens, nachdem man zuvor für etwas „gebrannt" hatte. Ursache ist häufig ein unerfülltes und gleichzeitig angespanntes Sehnen nach Anerkennung und Lebenswärme. Burnout manifestiert sich in einem Spannungsfeld zwischen eigenem Anspruch, den Anforderungen der Außenwelt, mangelnder Wertschätzung und einer fehlenden Abgrenzungsfähigkeit. Der Hauptfokus liegt daher auf dem Umgang mit psychischen Ressourcen, also der zur Verfügung stehenden Energie. Burnout manifestiert sich auf allen Ebenen des Lebens, meist in der Arbeit, häufig jedoch auch in Beziehungen.

2.1 Wer ist gefährdet?

Eine hohe Gefährdung wird bei allen Beziehungsarbeitern in sozialen, kommunikativen und helfenden Berufen, wie z.B. Krankenpflegern, Ärzten, Psychologen, Call-Center-Mitarbeitern, Erziehern, Sozialarbeitern, Lehrern, Freiberuflern und Hausfrauenmüttern, festgestellt. Ihnen fällt es oft schwer, eine Balance zwischen Überzeugen und begrenzter Veränderbarkeit von Menschen, zwischen Mitleid und Abschirmung, zwischen Erwartung und menschlicher Unzulänglichkeit, zwischen Belastung und Erholung zu finden (Müller-Timmermann 2005).

Moderne Behandlungsansätze des Burnouts berücksichtigen die gesellschaftlichen Dimensionen, insbesondere die hohen Anforderungen aus der Arbeitswelt und die Herausforderungen in Beziehungen. Der Prävention kommt dabei eine große Rolle zu.

Burnout ist keine Managererkrankung, die sich allein durch zu viel arbeiten erklärt. Psychosoziale Konflikte am Arbeitsplatz können jedoch der Nährboden für

Burnout sein. Menschen, die mit hoher Identifikation mit ihrer Aufgabe den Anforderungen kaum mehr gerecht werden, haben die Tendenz, sich in der Arbeit festzubeißen. Ein Loslassen fällt extrem schwer, weil die Abstandsfähigkeit fehlt. Die inadäquate Bewältigung dieser Spannung führt häufig zu Frustrationen, Verlust von Selbstwertgefühl und langfristig ins Burnout.

Einstellungen und Werte spielen bei Personen, die ins Burnout gerutscht sind, eine große Rolle. Insbesondere Menschen mit den folgenden Persönlichkeitsmerkmalen sind für das Burnout-Syndrom prädestiniert:

→ Perfektionisten und Menschen, die sich mehr vornehmen, als sie eigentlich schaffen können
→ Personen, die die Messlatte der Ansprüche an sich selbst und andere viel zu hoch legen
→ Menschen mit fehlender Abgrenzungsfähigkeit, die nie „Nein" sagen können und sich für andere aufopfern
→ Menschen mit dem Gefühl, zu wenig Wertschätzung und Anerkennung zu erhalten
→ Personen, die nicht delegieren können und alles selbst machen wollen
→ Frauen mit Doppel- und Dreifachbelastungen (Hausfrau, Mutter, Karrierefrau)
→ Menschen, die jede Tätigkeit mit maximaler Anspannung verrichten
→ Menschen, die sehr starr und dogmatisch in ihren Ansichten sind
→ Individuen, die sich primär über ihre Arbeit definieren
→ Menschen, die es anderen immer recht machen wollen und dabei ihre eigenen Bedürfnisse unterdrücken (Please-me-Syndrom)
→ Menschen, die die Aussichten auf Erfolge zu hoch einschätzen, ohne die Risiken realistisch miteinbezogen zu haben
→ Partner, die in ihrer Beziehung nicht mehr zwischen Bindung und Gefesseltsein unterscheiden können
→ Menschen, die ein umfassendes Gefühl von Kontrollverlust haben und gleichzeitig nicht in der Lage sind, Hilfe anzunehmen
→ Personen mit vermindertem Selbstwertgefühl, einer verminderten Fähigkeit zur Stressbewältigung und niedriger Frustrationstoleranz
→ Alle, die zu wenig Erholungs- und Ruhezeiten haben und sich als sehr fremdbestimmt erleben
→ Menschen, die in energetisch schlechten Einstellungs- und Verhaltensmustern verharren

Gerade in den helfenden Berufen ist der Ausspruch „*I have done too much for too many for too long with too little regard for myself*" ein Zeichen für die eigene Verwundbarkeit. Das Helfersyndrom hat für die Entstehung eines Burnouts eine große Bedeutung. Die emotionale Narbe, deren Wunde im Zentrum des Burnouts stehen kann, hat möglicherweise ihre Wurzeln in der frühen Kindheit, als die bedingungslose Liebe, die ein Kind braucht, nicht ausreichend gewährt wurde. Das daraus entstandene Gefühl der eigenen Wertlosigkeit wird häufig mit übermäßigem Ehrgeiz kompensiert, nur um Anerkennung von außen zu bekommen. Häufig findet sich eine Fehlanpassung zwischen persönlicher Intention und der beruflichen Wirklichkeit.

Weitere wichtige interne und externe Faktoren, die Burnout begünstigen, sind:
- → Nicht beseelte Arbeit
- → Quantitative und qualitative Arbeitsüberlastung (Übermaß, Rollenkonflikt, Papierkrieg)
- → Routinetätigkeit ohne persönliche Weiterentwicklung
- → Einseitigkeit der Kontakte
- → Übermäßige Kontrolle oder schlechte Führung durch den Vorgesetzten (Mikromanagement)
- → Fehlende Verbindlichkeit und mangelnde Eindeutigkeit der Ziele der eigenen Arbeit
- → Hoher Arbeitsdruck bei geringen persönlichen Gestaltungsmöglichkeiten (Hamsterradsyndrom)
- → Mangelnde Unterstützung von Kollegen
- → Schlechtes Teamklima – insbesondere kritisch für harmonieliebende Menschen
- → Druck und Hektik
- → Instabile Partnerschaft, Stress in der Familie, keine Freunde

Viel zu viel gleichzeitig – Die Geißel des Multitaskings

Im Leben spielen wir unterschiedliche Rollen mit unterschiedlicher Intensität und unterschiedlichem Zeitaufwand. Beispielsweise Frauen sind vielfach engagierte Mitarbeiterinnen eines Unternehmens und dann zugleich Ehefrau, Hausfrau, Mutter; dabei sind sie dann weiter IKEA-Schrankzusammenschrauberin, Chauffeuse für die Kinder, Kummerkasten für den Sportclub, Buchhalterin für den Kindergarten, Sportlerin, usw. Eine solche Doppel- bzw. Vielfachbelastung findet sich entsprechend bei vielen Männern.

Doch nicht jede dieser Rollen tut uns gut. Und nicht jede Rolle gibt uns gute Energie. Neurobiologisch gibt es kein Multitasking. Unser Gehirn ist kein Multiprozessor. Das Hirn arbeitet zeitversetzt. Daher erschöpfen gerade viele unterschiedliche Dinge zur gleichen Zeit ganz enorm.

Eine Coaching-Klientin drückte das so aus:
„Ich war immer für alle da. Habe Aufgaben übernommen, die keiner haben wollte. Obwohl ich die Chefin von allen war, benahm ich mich häufig noch so, als wäre ich das Mädchen für alle. Ich konnte mich selbst kaum noch spüren und bin immer schneller durch die Kurven des Alltags gefahren, um alle glücklich zu machen, die an meinen Armen gezerrt haben – ohne zu realisieren, dass der Tank längst leer war. Und im Strudel der vielen Aufgaben und Rollen, die ich gespielt habe, hat sich auch meine Partnerschaft in Luft aufgelöst. Ich hatte einfach keine Wahrnehmung mehr dafür, dass ich mich selbst und meine Beziehung vernachlässigt habe.“

→ **Seminarübung**

→ *Welche Rollen spielen Sie?*

→ *Welche Rollen davon machen Ihnen viel Spaß?*

→ *Welche der Rollen würden Sie am liebsten abgeben?*

→ *Wie viel Zeit haben Sie für sich selbst an ICH-Zeit?*

→ *Wie viel Zeit nehmen Sie sich wirklich für Ihre Beziehung?*

→ *Wie viel Zeit haben Sie zur Regeneration?*

→ *Wie viel Zeit sind für Sport und Hobbys reserviert?*

Der Einfluss von Stress

Das Gefühl, ständig verfügbar sein zu müssen, bedeutet Stress. Die Notwendigkeit, lebenslang zu lernen, sowie die mit der Globalisierung und der zunehmenden Komplexität verbundenen Probleme erhöhen den Druck und die Erwartungen. Die Schneller-höher-weiter-Spirale zwingt die Menschen, in immer kürzerer Zeit noch mehr zu erledigen. Häufig liegt ein zirkuläres Bindungsgefühl mit Auswirkungen auf das private Leben vor. Die zunehmende Unsicherheit, fehlende Sinnvermittlung, Mobbing und die Angst um den eigenen Arbeitsplatz erhöhen den persönlichen Druck. Wenn dann noch die Stellen der entlassenen Mitarbeiter nicht nachbesetzt werden, sondern deren Aufgaben auf die verbliebenen Mitarbeiter verteilt und zudem noch die Zielvorgaben verschärft werden, brauchen wir uns nicht zu wundern, wenn Menschen unter diesen Anforderungen einfach zusammenbrechen.

Statistiken belegen, dass jeder dritte Mensch einmal in seinem Leben psychosomatischer, psychotherapeutischer oder psychiatrischer Unterstützung bedarf. Tendenz steigend. Die WHO geht davon aus, dass die Depression bereits im Jahr 2020 die arbeitsbedingte Erkrankung Nummer eins sein wird. Persönliche Faktoren, chronische psychosoziale Belastungen und akute psychosoziale Belastungen (auslösende Ereignisse) stehen in einem Spannungsfeld. Zudem gibt es Einflüsse des privaten und sozialen sowie des Arbeitsumfeldes auf Menschen. Belastungen und Stressoren erhöhen die Burnout-Gefährdung – Unterstützung, Ressourcen und die eigene Widerstandsfähigkeit stärken unsere Fähigkeit, stabil zu bleiben.

Stress ist eine physiologische Reaktion unseres Körpers. Nach neuesten wissenschaftlichen Erkenntnissen wird keine Unterscheidung mehr zwischen Eustress und Disstress gemacht. Vielmehr wird von einer neuroendokrinen Balance gesprochen. Aus Sicht der Wissenschaft wird Stress als ein Muster spezifischer und unspezifischer Reaktionen eines Organismus auf Reizereignisse definiert, die sein Gleichgewicht stören und seine Fähigkeiten zur Bewältigung strapazieren oder überschreiten. Diese Reizereignisse umfassen eine Bandbreite externer und interner Bedingungen, die allesamt als Stressoren bezeichnet werden. Stressoren sind die Reizereignisse, die die

Ursache für die Auslösung von Stress sind. Stressoren können sich in Anpassungszwängen und Anspannungen, wie Angst, Arbeitsplatzunsicherheit, Überforderung, Unterforderung, Lärm, Rollenunsicherheit oder dem täglichen Ärger, äußern, die uns aus dem individuellen Gleichgewicht bringen und uns so unter emotionalen und körperlichen Druck setzen.

Eine Stressreaktion ist individuell unterschiedlich – einige reagieren bereits bei wenig Stress mit hoher Alarmbereitschaft, während andere sehr stressreiche Ereignisse locker bewältigen. Dies hat viel mit dem Erleben und der Bewertung des als unangenehm empfundenen Spannungszustands zu tun. Stress aktiviert ein uraltes Überlebensprogramm, welches in unseren Genen abgelegt ist. Dieses Programm umfasst eine neuro-biochemisch-hormonelle Rückkoppelung des Körpers auf eine Gefahr, die seit Tausenden von Jahren gleich geblieben ist, obwohl sich unsere Lebens- und Rahmenbedingungen massiv verändert haben.

Interessanterweise spielt der Sinn im Kontext von Stress eine größere Rolle. Durch die zunehmende Komplexität fühlen sich viele nur als kleines Schräubchen, das zu funktionieren hat. Die zunehmende Unsicherheit führt zu Angst. Der Verlust von Halt und Orientierung und eine umzugsbedingte Entwurzelung verstärken diesen Effekt. Ein Hauptaspekt des Burnouts zeigt sich darin, sein eigenes Leben in dem Spannungsfeld von inneren Bedürfnissen und äußeren Einflüssen nicht steuern zu können.

Unsere Wahrnehmung ist auf antrainierte Attribute fokussiert: die freundliche Sekretärin, der taffe Manager, der hilfsbereite Azubi, die harte Abteilungsleiterin usw. Ein Mensch wird oftmals nicht mehr ganzheitlich wahrgenommen, sondern lediglich als Summe von Attributen und Eigenschaften eingestuft. Dies birgt Gefahren. Wenn wir uns weiterentwickeln wollen, geht es nicht um das Perfektionieren eines sozial erwünschten Verhaltens oder das Ausbügeln von persönlichen Schwächen, sondern um ein uns selbst entsprechendes Sein auf Basis individueller Talente.

Über den Umgang mit Belastungen und sich selbst

Wie will ich mich selbst ändern, wenn ich mich nicht selbst kenne? Wenn wir uns verstehen, gelingt es leichter, unsere Muster zu verstehen. Bei der Entstehung eines Burnouts ist das Zusammenspiel von persönlichen Faktoren, chronisch psychosozialen Belastungen und akut ausgelösten Ereignissen wichtig. Die Stressreaktion ist die Antwort unseres Körpers auf ein Stressereignis und setzt sich aus vielfältigen Kombinationen von Reaktionen auf physiologisch-hormoneller, muskulärer, emotionaler und kognitiver Ebene zusammen. Stress fordert unseren Körper heraus. Entweder die Situationen werden bewältigt oder gemeistert oder der Körper wird vom Stress besiegt. Wir können den Stress als Lebenselixier oder Sargnagel wahrnehmen – auf den Blickwinkel kommt es an.

Unterscheidung zwischen akutem und chronischem Stress: In einer akuten Stresssituation haben Sie Stress! Sie können den Stress leicht bewältigen. Bei chronischem Stress hat der Stress Sie! Dauert der Stress zu lange an, so werden die immer wieder anflutenden Stresshormone zu einer enormen Gefahr für unsere geistige, körperliche und emotionale Integrität.

Stress kann ein wunderbarer Energizer sein, aber auch krankmachen. Die gute Nachricht: Stressfolgen können vermieden werden. Das bedeutet, dass frühzeitiges

Erkennen der Symptome, adäquater Umgang mit Stress, Anwenden von Stressbewältigungsstrategien und präventive Maßnahmen von großer Bedeutung sind. Denn rechtzeitig erkannt, sind Folgeerkrankungen vermeidbar. Chronischer Stress hat maßgeblich mit unserer Einstellung und unserem Verhalten zu tun. Bei positiver Einstellung kann der Stress ungeheure Lebensenergien freisetzen! Stress kann als Zündung wirken für völlig neue, kreative Zugänge zu schwierigen Problemen.

Stress lässt sich nicht managen. Was jedoch als sog. „Stressmanagement" bezeichnet wird, ist, dass wir den Umgang mit Stress verbessern und Lösungsmöglichkeiten aufzeigen können, adäquater mit Stress umzugehen und zu mehr Gelassenheit zu gelangen. Die persönlichen Stärken spielen dabei eine wichtige Rolle. Diese gilt es zu stärken. Das ist leichter gesagt als getan, denn Stress ist ein dynamischer Prozess – wie alle psychischen Reaktionen. Der Umgang mit Stress wird zur Schlüsselkompetenz auf dem Weg zum persönlichen Erfolg. Durch einen sinnvollen Umgang mit chronischem Stress gelingt es, kostbare Energiereserven zu bewahren und einem unnötigen Verschleiß vorzubeugen.

Es gibt kein Standardrezept zum Umgang mit Stress. Wir alle sind unterschiedlich in unserem Persönlichkeitsprofil, geprägt durch Umfeld, Erziehung, Erfahrung, Wissen und Einstellung. Dementsprechend kann eine Lösung nur wirklich effektiv sein, wenn Bewältigungsstrategien und Maßnahmen individuell maßgeschneidert sind.

Ausprägungen von Stress bei Burnout

Stress ist einerseits ein maßgeblicher Impuls für Vitalität und persönliche Weiterentwicklung – andererseits jedoch auch das Symptom einer Vielzahl von gesellschaftlichen Problemen, die sich im Dauerzustand als Krankheit manifestieren können. Stress kann der Aufbruch zu neuen Ufern sein – oder zum lebensgefährlichen Absturz führen. Wir sprechen vom kontrollierbaren und vom nicht mehr kontrollierbaren Stress.

Bei kontrollierbarem Stress werden wichtige Voraussetzungen geschaffen, um neue Lernerfahrungen zu machen. Nicht mehr kontrollierbarer Stress hingegen bedeutet: außer sich sein. Dauerhafter unkontrollierter Stress macht krank. Das Gehirn stellt sozusagen auf Autopilot um. Diese Funktion wird durch eine klitzekleine Region im Gehirn, den Mandelkern, medizinisch Amygdala genannt, übernommen. Um den Automatismus dieser Autopilotsteuerung zu unterbrechen, braucht es Abstand. So entsteht neuer Entscheidungsspielraum, der wieder in die Selbststeuerung führt.

Energetisch betrachtet ist der Stress wie die Saite einer Gitarre. Wenn sie zu locker ist, ist das Instrument verstimmt, bei zu viel Spannung reißt die Saite. Die Gitarre braucht bei allen Saiten für den harmonischen Klang eine gewisse Spannung. So ist es auch in unserem Leben. Wir brauchen Stress, um glücklich zu sein. Ohne Stress geht es nicht – zu viel Stress jedoch macht krank.

Chronischer Stress / Dauerstress

Wenn es sich um einen andauernden Zustand kontinuierlicher Erregung mit subjektivem Erleben von Stress handelt, sprechen wir von chronischem oder Dauerstress. Zentral ist, dass die Anforderungen an die Situation höher eingeschätzt werden als die für ihre Bewältigung vorhandene Energie. Dies führt zu fortwährenden Frustrationen und einem Raubbau mit den Energieressourcen. Zudem blockiert Dauerstress den körperlich-seelischen Ausgleich und gefährdet mittel- bis langfristig die Gesundheit. Die Hauptgefahr ist die, dass sich der Stress verselbstständigt. Überanstrengung und Überschätzung der eigenen Energien sind maßgebliche Säulen von chronisch-negativem Stress. Die Herausforderung bei negativem Stress ist, dass Kopfschmerzen, Magenschmerzen, Nackenverspannungen oder Aggressivität nicht als Signale des Körpers ernst genommen und/oder nicht dem Phänomen Stress zugeordnet werden. So gehen Menschen wöchentlich zur Massage oder nehmen Medikamente gegen die Symptome ein, ändern aber nichts an der stressauslösenden Situation.

Auswirkungen von chronischem Stress können sich äußern durch:
→ Starke Beeinträchtigung des Wohlbefindens
→ Ein- und Durchschlafstörungen
→ Depressive Verstimmung, Reizbarkeit und Melancholie
→ Apathische Gleichgültigkeit
→ Ängstlich-unruhige Überaktivität
→ Psychosomatische Beschwerden und Erkrankungen, wie z.B.: Nackenverspannungen, Magenschmerzen, Durchfall, Kloß-im-Hals-Gefühl
→ Reduzierung der sozialen Kompetenz und der sozialen Beziehungen
→ Burnout

Unerwünschte Nebenwirkungen – die depressive Verstimmung

Eine der häufigen Nebenwirkungen von Burnout sind depressive Verstimmungen, die weltweit zunehmen und in Deutschland – bei ungewisser Dunkelziffer – auf mehr als 4 Mio. Betroffene geschätzt werden. Dank guter Behandlungserfolge geht es der Hälfte der Erkrankten innerhalb von sechs Wochen wieder besser.

Fallbeispiel

Unentwegt kämpfte *Claus Müller* gegen das erstaunliche Gewicht seiner Schwermütigkeit an. Sein Büro, das voll war mit den Dokumenten seiner zwanzig letzten Schaffensjahre, wurde plötzlich nur noch von dieser dunklen Schwere durchzogen, die ihn lähmte. Irgendwie kam es ihm so vor, als habe er sich die Seele verrenkt, und zwar gewaltig. Eine diffuse Antriebs- und Lustlosigkeit hatte dem 43-jährigen IT-Analysten einer großen Versicherung den Stecker aus der Lebensbatterie gezogen. Ihm kam es so vor, als fiele er in ein tiefes Loch – ein unendlicher Abgrund tat sich auf. Im Wust der Dringlichkeiten des ganz normalen Alltagswahnsinns war ihm der Blick für das Wesentliche verloren gegangen. Schlimmer noch, er hatte das Gefühl, sich selbst verloren zu haben.
Eine Neuorientierung stand an, in der er zum richtigen Zeitpunkt die richtige Entscheidung für sich und die Dinge treffen konnte. Doch im Dunkeln war allein keine Orientierung möglich. Erst durch die gezielte Unterstützung im Coaching kam wieder Licht in das Dunkel, sodass er sich und die Dinge neu und anders sortieren konnte.

2.2 Burnout und Persönlichkeit

Entscheidend dafür, ob jemand in eine Burnout-Situation gerät, sind die „psycho-bio-logische Disposition" und seine Robustheit. So gibt es Leute, die sich trotz belastender Situationen nicht unterkriegen lassen. Studien belegen, dass der Stress immer mehr Menschen seelisch krankmacht und das Schlittern in ein Burnout-Syndrom begünstigt.

Der Hintergrund liegt dabei auch in der jeweils aktuellen wirtschaftlichen Situation. So haben beispielsweise Menschen, die unter ständigem Termindruck arbeiten und zusätzlich die Arbeit derer schultern müssen, die in der letzten Kündigungswelle entlassen wurden, neben dem erhöhten Stresspegel durch das vermehrte Arbeitspensum auch die Angst zu bewältigen, dass sie vielleicht die Nächsten sein könnten, die sich in das Heer der Arbeitslosen einreihen dürfen.

Die Faktoren Angst, Unsicherheit und Stress potenzieren sich noch in ihrer Wirkung. Die monetären Auswirkungen sind enorm.

Das Stressempfinden ist individuell verschieden

Je nach Persönlichkeit variiert die Einschätzung von Belastungen, Enttäuschungen, Stress und Anforderungen: Der eine freut sich über eine zusätzliche Aufgabe und kann locker mit Veränderungen umgehen, der andere empfindet dies als unerträglich.

Gerade weil der Umgang mit Belastungssituationen, Hektik, Druck und chronischem Stress individuell so unterschiedlich ist, ist es ausgesprochen wichtig, dass Sie Ihr eigenes Persönlichkeitsmuster erkennen und Ihre Reaktionen auf Belastungen durchschauen.

2.3 Gesundheit – das kostbare Gut

Die Gesundheit bekommen wir geschenkt. Aber sie ist unbezahlbar. Um Ihre Gesundheit zu schützen und die eigene Stressgefährdung zu senken, ist es wichtig, rechtzeitig die Stresssignale zu erkennen (nachstehende Abbildung).

Grundsätzlich weiß unser Körper sehr genau, wann sein Gleichgewicht gestört ist. Um diese Balance zu erhalten, müssen wir gut in uns hineinhorchen, um die feinen seismografischen Anzeichen auf der nach oben offenen Richterskala zu hören und zu verstehen. Sie teilen uns über Symptome mit, wenn es Hinweise auf Störungen des Energiegleichgewichts gibt. Der Körper sendet uns anfangs leise und dezente, später immer deutlichere Signale in Form von Symptomen. Ebenso wie die Psyche. Hier setzen wir unser typologisches Radarsystem ein. Wir beobachten Muster. Jeder Typus erfährt die Eskalation auf seine Weise. In der nachstehenden Abbildung erfassen wir lediglich die zentralen Funktionen.

Stresssignale bei kontrollierbarem Stress

Vorgehen, um Stress zu steuern

Ziel ist eine Erweiterung des eingeschränkten Aktionsradius – zurück zur Ganzheit des Lebens. Von den in Symptomen übersandten Botschaften können wir eine Menge über unsere derzeitige Lebenssituation lernen. Gegebenenfalls müssen wir unsere Lebensführung verändern, um nicht mittel- bis langfristig aus der Balance zu geraten.

Starke Symptome, z.B. Schmerzen, sind SOS-Signale des Körpers. In der traditionellen chinesischen Medizin werden die Schmerzen als Schrei des Körpers nach Fließenergie beschrieben. Die Blockierung führt zu den Schmerzen. Der Schmerz ist das körperlich wahrnehmbare äußere Zeichen eines tiefen psychischen Zustands.

Bei der Burnout-Analyse werden oft leichtfertig strukturelle Ursachen wie das Arbeitsumfeld als Ursache angegeben. Dieser Gedankenstrang reicht als Begründung jedoch nicht aus. Unser Leben findet statt im Spannungsfeld von äußerem Einfluss und innerer Bereitschaft. Es ist daher wichtig, zwischen den äußeren Rahmenbedingungen (im Außen) und der inneren Bereitschaft (im Innen) zu unterscheiden. Viele Menschen lassen sich durch die Dinge leiten, die im Außen passieren und übernehmen diesen Maßstab als vorgegebenes Lebensmotto. Doch die äußeren Anforderungen stimmen nicht immer mit den eigenen Bedürfnissen überein.

Die Gesundheit schützen – Signale rechtzeitig erkennen

Weil jeder Mensch unterschiedlich ist, lohnt es sich, über sich selbst nachzudenken. Was motiviert Sie und macht Ihnen so richtig Spaß? Was demotiviert Sie und zieht Ihnen Energie ab? Was ist wirklich wichtig?

Es ist Ihre Aufgabe, Ihre Gesundheit an die höchste Stelle Ihrer Prioritätenliste zu setzen. Gerade für Ihre Arbeit sind Sie auf Ihre Gesundheit angewiesen. Sie haben nur dieses eine Leben. Und während Ihres Lebens investieren Sie eine Menge Zeit in Ihre Arbeit. Daher ist es höchste Zeit, sich Gedanken zu machen, ob Sie während der Arbeit gut mit sich selbst umgehen oder Ihre Gesundheit zu wenig beachten.

Überarbeitung, Überanstrengung, zu hohe Erwartungen, emotionale Erschöpfung, unerfülltes Sehnen, eine illusionäre Verkennung der Wirklichkeit, Depersonalisation und eine Überschätzung der eigenen Energien bei reduzierter Leistungsfähigkeit und -bereitschaft sind maßgebliche Aspekte des Burnouts.

Die Reaktionen lassen sich auf vier Ebenen beobachten, die sich gegenseitig beeinflussen und hochschaukeln können:

Die emotionale Ebene charakterisiert alle Gefühle, Stimmungen und Befindlichkeiten. Diese zeigen sich z.B. durch:
→ Emotionale Erschöpfung
→ Nervosität und Gereiztheit
→ Angst, Unsicherheit
→ Depressive Verstimmungen und Gemütsschwankungen
→ Jammer-Attitüden und Negativeinstellung
→ Wut und Aggressivität
→ Veränderung des Selbstwertgefühls, Hilflosigkeit
→ Depressive Verstimmung bis hin zur Apathie

Die kognitive Ebene umfasst die geistig-rationalen Dimensionen, wie Denk- und Wahrnehmungsprozesse. Die Wahrnehmung ist eingeschränkt auf die Reize, die durch Belastungen, Hektik, Stress und Druck ausgelöst wurden. Es finden sich folgende Symptome:
→ Konzentrationsstörungen
→ Schwierigkeiten der Merkfähigkeit und Wortfindungsstörungen
→ Akut kann es zu einem Blackout kommen (Prüfungssituation!)
→ Denkblockaden und Gedächtnisstörungen
→ Sich im Kreise drehende Gedanken
→ Scheuklappeneffekt durch die eingeschränkte Wahrnehmung
→ Auftreten von Albträumen

Hormonelle Reaktionen sowie Reaktionen des vegetativen Nervensystems und der verbundenen Organe betreffen die vegetativ-hormonelle Ebene. Sie beschreibt alle Reaktionen, die nicht willkürlich kontrollierbar sind. Stellen Sie sich einfach vor, Sie sollen bei einem Kongress vor sehr vielen Menschen einen Vortrag halten. Kennen Sie folgende Reaktionen?

→ Trockener Mund
→ Kloß oder Frosch im Hals
→ Flaues Gefühl in der Magengegend bis hin zu Übelkeit mit Erbrechen und Durchfall, Magenschleimhautentzündungen und Auftreten von Magen-Darm-Geschwüren
→ Weiche Knie, als ob der Boden unter den Füßen verschwindet
→ Herzklopfen, Herzrhythmusstörungen
→ Schwitzen (Hände, Körper ...), Kurzatmigkeit, Schwindelanfälle

Durch die Anspannungssituation kann es auch leicht zu Verspannungen der Skelettmuskulatur kommen, die der willkürlichen Kontrolle unterliegt. Diese muskuläre Ebene betrifft vor allem folgende Reaktionen:

→ Kieferprobleme (Kauen am Problem) und Zähneknirschen
→ Wippen von Füßen und Beinen
→ Nackenverspannungen, Rückenschmerzen
→ Spannungskopfschmerz
→ Zucken des Lidwinkels oder anderer Körperteile

Natürlich gibt es unzählige Verknüpfungen der jeweiligen Ebenen. Die durch den chronischen Stress ausgelöste Infektanfälligkeit finden wir häufig bei Burnout-Bedrohten. Bei ihnen kommt es zu einer Schwächung des Immunsystems über die neuro-hormonell-emotional-immunologische Achse. So entwickeln Burnout-Patienten häufig eine chronische Nebenhöhlenentzündung, die trotz Antibiotika nicht richtig ausheilt. Im übertragenen Sinne stellt sich hier die Frage: „*Wovon habe ich die Nase voll?*"

2.4 Leistung, die Leiden schafft: Wenn Arbeit krankmacht

Schneller, höher, weiter? Zwar ist Burnout – es wurde voranstehend schon klargestellt – kein Phänomen allein im Management. Aber hoch Leistungsmotivierte können betroffen sein. So manche High-Potential-Karriere, die mit straffem Tempo und schnellem Erklimmen auf der Karriereleiter startete, endete mit einem emotionalen Zusammenbruch. Ein Absturz in die persönliche Krise löst manche Frage nach dem Sinn aus.

Gefährdet Ihre Arbeit auch Ihre Gesundheit? Dauerbelastungen, Hektik, Druck, vermehrter Stress, Angst und Verunsicherung können gerade in Zeiten von Umstrukturierungen in Unternehmen nicht zu Höchstleistungen der Mitarbeiter führen – im Gegenteil: Die immer stärker unter Druck gesetzten Mitarbeiter reagieren in ihrem „inneren Unternehmen" mit Bluthochdruck, der Stress schlägt auf den Magen-Darm-Trakt und die Anspannung und Arbeitslast führen zu unerträglichen Nacken- und Rückenleiden und Depressionen. Immer häufiger berichten Menschen in Coaching-Sitzungen über Schlaflosigkeit, Konzentrationsstörungen, Ohrgeräusche und depressive Verstimmungen.

Always on?

Durch die zunehmende Komplexität, permanente Erreichbarkeit über mobiles Smartphone, SMS und E-Mails sowie die Arbeitsverdichtung und ständig steigenden Erfolgsdruck in einer von Effizienz getriebenen Arbeitswelt kommt es zu Veränderungen im Arbeits- und Leistungsverhalten. Die damit verbundenen Erwartungen und Verhaltensmuster müssen auf Risiken und Nebenwirkungen hinterfragt werden. Diese zeigen sich unter anderem durch folgende Punkte:

→ Qualitative und quantitative Leistungsminderung
→ Keine Ruhezonen durch permanente Erreichbarkeit
→ Leistungsschwankungen, hohe Fehlerquote durch Flüchtigkeitsfehler
→ Vergesslichkeit, Zerstreutheit
→ Vermeidung bestimmter Tätigkeiten
→ Veränderungen im Sozialverhalten, wie z.B. Rückzug von Kollegen, Konfliktvermeidung, Schuldzuweisungen

Klartext sprechen

Sprechen Sie es ganz konkret an, wenn es Ihnen zu viel wird. Das hilft. Häufig sind es die strukturellen Dimensionen und bioklimatischen Faktoren in den Unternehmen sowie eine schlechte Kommunikation unter Kollegen, die eine Burnout-Situation von Menschen im Arbeitsumfeld begünstigen können:

→ Orientierungslosigkeit in Umbruchphasen
→ Fehlendes Vertrauen – gegenüber dem Chef und den Kollegen
→ Mangelnder Respekt im gegenseitigen Umgang
→ Ungenügende Anerkennung
→ Divergierende oder mehrdeutige Ziele
→ Unklare oder unausgesprochene Erwartungen
→ Ungenügende Erfolgskriterien
→ Kein oder kein ausreichendes Feedback zu Arbeitsergebnissen
→ Fehlende Entscheidungs- und Einflussmöglichkeiten bei gestiegener Verantwortung
→ Zu viele Aufgaben gleichzeitig
→ Aktivitäten anstatt Aufgaben (operative Hektik)
→ Ungenügende Autonomie der Arbeitsplatzgestaltung
→ Kommunikationsüberflutung (E-Mails, Telefonkonferenzen, mobiles Telefon, Meetings, Video-Konferenzen, Fremdsprachen)
→ Zeitprobleme (Jetlag, häufiges Reisen …)
→ Kein selbstbestimmter Umgang mit der eigenen Zeit – Faktor Fremdbestimmung
→ Kulturelle oder sprachliche Unterschiede
→ Rollenkonflikte oder Rollenunsicherheit
→ Trennung von der Familie durch zweiten Wohnsitz oder häufige Reisen
→ Angst
→ Kränkung und Mobbing durch Kollegen oder Mitarbeiter

Ein wichtiger Aspekt, dem immensen Arbeitsdruck entgegenzuwirken, ist es, die Überbelastung konkret anzusprechen und offensiv damit umzugehen. „*Gerade in Krisenzeiten beißen Mitarbeiter eher die Zähne zusammen, als Klartext zu sprechen*", so der Abteilungsleiter eines Automobilzulieferers im Einzelcoaching. „*Möglicherweise wird es als ein Zeichen von Schwäche ausgelegt, wenn man sagt, dass man nicht mehr kann*", befürchtet er. Interessanterweise ist aber das Gegenteil der Fall.

Über die eigenen Schwierigkeiten, Schwächen und Probleme zu sprechen, ist zwar nicht immer leicht. Es macht aber leichter. Ein offenes und vertrauensvolles Gespräch kann helfen, durch eine andere Sichtweise die Dinge anders zu betrachten. So können neue Möglichkeitsräume angedacht werden, die zu anderen Lösungen führen können. Zudem tut es gut, festzustellen, dass möglicherweise andere Kollegen ein ähnliches Problem oder Gefühl haben. Wenn Mitarbeiter das Problem konkret ansprechen und äußern, dass sie gerade jetzt mit anderen Aufgaben beschäftigt sind, die eine hohe Priorität haben, wird dies meist von Vorgesetzten und Kollegen akzeptiert. Dann ist das NEIN nicht ein Fall von „Geht nicht, weil", sondern eine lösungsorientierte Entscheidung nach klaren Prioritäten.

Beim Ansprechen der Dinge geht es um zwei Dimensionen: Was Sie konkret für sich tun können – und was Sie für das Team tun können.

→ Übung: Was Sie konkret für sich tun können

Bereiten Sie vor, wie Sie mit Ihrem Vorgesetzten über Ihre persönliche Situation sprechen können. Bitte denken Sie dabei über folgende Punkte nach:

- → *Wie könnte ich nach Überstunden frei nehmen?*

- → *Wann könnte ich mittags und auch zwischendurch mal eine Pause machen?*

- → *Kann ich meinen Urlaub so nehmen, wie ich mir das vorgestellt habe?*

- → *Kann ich meinen Urlaub auch komplett wahrnehmen, oder musste ich diesen abbrechen?*

- → *Wie steht es um mein Arbeitsumfeld? Habe ich Probleme mit Lärm, Temperatur oder Wind?*

- → *Sind die Ziele, an denen ich gemessen werde, realistisch? Kann ich diese überhaupt erreichen?*

- → *Wie steht es um die Menge und die Art der Arbeit? Habe ich ausreichend Zeit und Arbeitsmittel, um die Ziele zu erreichen?*

! **SOS-Tipp:** *Im Umgang mit anderen ist das Thema Perfektion ein wichtiges. Machen Sie sich und Ihren Kollegen immer wieder bewusst:*

Wir als Mitarbeiter dieses Teams sind echte Profis, weil wir gute Arbeit

! • *stets und ständig,*

! • *unter wechselnden Zielen und sich ändernden Rahmenbedingungen,*

! • *in schwierigen Situationen und hohem Druck sowie*

! • *auf dem aktuellsten Stand des Wissens leisten.*

In Unternehmen wissen die Vorgesetzten und Mitarbeiter teilweise nicht, wie sie das Thema einer Leistungs- oder Verhaltensveränderung bei Kollegen adressieren sollen. Häufig wird es als Tabu gesehen, wenn es um psychische Auffälligkeiten geht. Wichtig ist, dass Sie die Dinge, die Ihnen bei Mitarbeitern und Kollegen aufgefallen sind, ganz konkret benennen. Dabei ist das Zuhören der allererste Schritt, anderen helfen zu können. Das respektvolle Zuhören schafft zudem eine vertrauensvolle Atmosphäre, damit der andere Ihnen sein Herz ausschütten kann.

Schlüpfen Sie dabei nicht in die Rolle eines Psychologen und stellen Sie keine zuschreibende Diagnose, wie etwa: *„Ich glaube, Sie haben ein Burnout"*. Das ist weder Ihre Rolle, noch steht es Ihnen zu, dies zu diagnostizieren. Sinnvoller ist es, die eigene Wahrnehmung in Form einer Ich-Botschaft zu formulieren: *„Mir ist aufgefallen, dass Sie in der letzten Zeit vermehrt Fehler machen"* oder *„Ich habe bemerkt, dass du häufiger unkonzentriert und geistig abwesend erscheinst"*.

Damit geben Sie Ihrem Kollegen konkret und konstruktiv Feedback.

→ **Übung: Was Sie konkret für die Mitarbeiter tun können – sprechen Sie die Dinge an!**

Bitte notieren Sie: Was ist Ihnen in Ihrem Team bei Ihren Mitarbeitern, Kollegen und Vorgesetzten aufgefallen?

→ *Haben Sie die Betroffenen angesprochen?*

→ *Wie haben Sie dies gemacht?*

→ *Wie war die Reaktion?*

→ Zusammenfassung

→ Burnout und Persönlichkeit sind eng korreliert.

→ Bestimmte körperliche Symptome unseres Körpers sind Warnsignale und Alarmrufe der Seele.

→ Der Körper sendet uns anfangs leise und dezente, später immer deutlichere Signale.

→ Die körperlichen Reaktionen lassen sich auf vier Ebenen beobachten, und zwar auf der emotionalen, der kognitiven, der vegetativ-hormonellen und der muskulären Ebene. Diese Ebenen können sich gegenseitig beeinflussen und hochschaukeln.

→ Wichtig ist, dass wir an unserer eigenen Wertschöpfung und Produktivität arbeiten und dabei die Gesundheit gezielt fördern.

→ Um die Gesundheit zu schützen und die eigene Burnout-Gefährdung zu senken, ist es wichtig, rechtzeitig die Signale zu erkennen.

→ Resümee, Umsetzung, Transfer

1. Persönlicher Aktionsplan

Welches sind für mich die wichtigsten Erkenntnisse aus diesem Kapitel?

_____

_____

Wo, wann und wie werde ich diese in die Praxis umsetzen?

_____

_____

2. Notizen

Welche Wirkung möchte ich konkret für mich erzielen?

_____

_____

Worauf muss ich besonders achten?

_____

_____

3. Follow-up-Übung – die persönliche Evaluation

Bitte bearbeiten Sie diesen Bereich circa vier Wochen nach dem Seminar/Workshop bzw. nach Durcharbeiten dieses Kapitels.

Was ist mir bei der Umsetzung meines Aktionsplans besonders gut gelungen?

_____

_____

Was ist mir bei der Umsetzung meines Aktionsplans weniger gut gelungen?

_____

_____

Was waren die Hindernisse?

_____

_____

Welche Erkenntnisse gewinne ich daraus?

_____

_____

3 Selbsteinschätzung: Sind Sie burnoutgefährdet? Der Schnelltest

Seit vielen Jahren arbeite ich mit einem Burnout-Indikator in Form eines selbst entwickelten Fragebogens, an dem Sie auf Basis Ihrer Selbsteinschätzung eine mögliche Burnout-Gefährdung ablesen können. Die Fragen beziehen sich dabei sowohl auf Ihr Privat- als auch auf Ihr Arbeitsleben.

Burnout-Symptome zeigen sich oft durch deutlich wahrnehmbare Signale, die dann ernst zu nehmen sind, wenn sie häufig oder dauernd auftreten. Die nachstehenden Aussagen können, müssen aber nicht zwingend auf Burnout hinweisen.

Aufgabe

Bitte lesen Sie sich die nachstehenden Aussagen in aller Ruhe durch und beantworten Sie sich die Frage: Welche der aufgelisteten Kriterien und Warnsignale haben Sie bei sich selbst in den letzten zehn Wochen in welcher Intensität wahrgenommen? Anhand der aufgeführten Skala von 0 bis 4 können Sie die Intensität angeben. Zählen Sie bitte anschließend die Punkte zusammen.

Zutreffendes bitte ankreuzen

0 = nicht zutreffend 1 = selten zutreffend 2 = manchmal zutreffend 3 = häufig zutreffend 4 = absolut zutreffend	0	1	2	3	4
1 Ich sehe die Dinge häufig negativ.					
2 Ich habe eine schlechte körperliche Kondition.					
3 Mir ist wichtig, in einer Gruppe dazuzugehören und integriert zu sein.					
4 Ich bin unruhig, reizbar und unausgeglichen.					
5 Es ist mir sehr wichtig, beliebt zu sein.					
6 Ich schwitze häufig ohne ersichtlichen Grund.					
7 Ich arbeite unter Zeit- und Termindruck.					
8 Ich bin ängstlich und unruhig.					
9 Nach der Arbeit kann ich abends nur schlecht abschalten.					
10 Ich habe keine Lust darauf, mich mit Freunden oder mit Bekannten zu treffen.					
11 Ich bin sehr bemüht, es allen recht zu machen.					
12 Ich habe Nacken-, Schulter- oder Rückenschmerzen.					
13 Wenn ich morgens aufwache, fühle ich mich wie gerädert.					
14 Ich esse schnell und hastig.					

Zutreffendes bitte ankreuzen

0 = nicht zutreffend 3 = häufig zutreffend 1 = selten zutreffend 4 = absolut zutreffend 2 = manchmal zutreffend	0	1	2	3	4
15 Mein Gedächtnis funktioniert wie ein Schweizer Käse – ich vergesse vieles und kann mir nichts merken.					
16 Ich bin enttäuscht.					
17 Früher hat mir die Arbeit mehr Spaß gemacht.					
18 Ich habe Magen- oder Verdauungsprobleme.					
19 Ich betreibe keinen Ausgleich zu meiner Arbeit.					
20 Meine Energiereserven sind leer.					
21 Ich sehe keinen Sinn mehr in meiner Arbeit.					
22 Ich leide unter Kopfschmerzen.					
23 Ich zweifle an mir selbst.					
24 Ich habe keine Zeit für Sport oder ein Hobby.					
25 Ich bin antriebslos und kann mich zu nichts mehr aufraffen.					
26 Ich habe Probleme mit meinem Kreislauf (Blutdruck, Puls).					
27 Ich trinke jeden Abend ein Glas Rotwein.					
28 Mir ist eigentlich alles zu viel.					
29 Lob und Anerkennung sind mir wichtig.					
30 Ich habe keine Kondition und bin sehr schnell erschöpft.					
31 Mein Verlangen nach Sex ist verringert.					
32 Ich arbeite sehr viel und hart.					
33 Insbesondere nach einem hektischen Arbeitstag fällt es mir schwer, zuhause loszulassen und mich zu entspannen.					
34 Meine Hände und Füße sind oft kalt.					
35 Ich bin vergesslich und habe Wortfindungsstörungen.					
36 Tagsüber bin ich oft müde.					
37 Ich denke häufiger an Selbstmord.					
38 Ich habe an nichts mehr Spaß.					
39 Ich habe wenig Zeit für Freunde, Partnerschaft und Familie.					
40 Wenn das Telefon klingelt, hebe ich nur widerwillig ab.					
41 Ich habe eine chronische Nasennebenhöhleninfektion.					

Zutreffendes bitte ankreuzen

0 = nicht zutreffend 1 = selten zutreffend 2 = manchmal zutreffend 3 = häufig zutreffend 4 = absolut zutreffend	0	1	2	3	4
42 Ich habe keine neuen Ideen und fühle mich ohne Schwung.					
43 Ich verspüre eine Gleichgültigkeit bei allem, was ich tue.					
44 Ich leide nachts unter Ein- oder Durchschlafstörungen.					
45 Ich habe eine depressive Grundstimmung.					
46 Meine private und berufliche Situation empfinde ich als ungewiss.					
47 Mein Appetit hat sich verändert.					
48 Ich verzettele mich während der Arbeit.					
49 Mein Herz bereitet mir Sorgen.					
50 Das „Nein"-Sagen fällt mir sehr schwer.					
51 Ich spüre keine Lebensfreude mehr und fühle mich innerlich völlig leer.					
52 Meine Nackenmuskulatur ist verhärtet und schmerzt.					
53 Ich bin schlecht organisiert und verliere oft den Überblick.					
54 Ich kann mich schlecht abgrenzen.					
55 Ich habe oft gerötete Augen.					
56 Bei der Arbeit komme ich mir vor wie in einem sich immer schneller drehenden Hamsterrad.					
57 Manchmal fange ich einfach an zu weinen.					
58 Wertschätzung durch Kollegen und Chefs ist mir wichtig.					
59 Wenn ich nachts aufwache, grüble ich vor mich hin und kann nicht abschalten.					
60 Bei der Arbeit fühle ich mich fremdbestimmt.					
61 Für die von mir geleistete Arbeit bekomme ich ein zu geringes Gehalt.					
62 Um nach der Arbeit abschalten zu können, trinke ich Alkohol.					
63 Ich lasse mein Herzinfarkt- und Schlaganfallrisiko zu selten durch einen Kardio-Check überprüfen.					
64 Um Entspannungsverfahren kümmere ich mich zu wenig, obwohl mir klar ist, dass ich damit besser mit Stress umgehen könnte.					
Gesamtpunktzahl					

Die Auswertung

193–256 Punkte

Der Test kann nur Indikator sein. Wenn Sie die Fragen ehrlich und realistisch beantwortet haben, macht diese hohe Punktzahl deutlich, dass Sie sich in einem kritischen Zustand befinden könnten. Nach dieser Selbsteinschätzung wären Sie extrem burnoutgefährdet (oder bereits in einem Burnout-Zustand), weil Sie Ihre körperlichen, seelischen oder geistigen Grenzen überschritten haben. Gehen Sie Ihrem Zustand unbedingt nach, d.h. suchen Sie sich Beratung.

Wenn sich die Einschätzung erhärtet, wird man Ihnen raten, sich eine Auszeit zu nehmen, um Distanz zu Ihren Belastungen zu bekommen. Nehmen Sie Ihre körperlichen Symptome als Alarmsignale, die auf die Notwendigkeit von Veränderungen hinweisen, bitte ernst. Besorgen Sie sich also am besten professionelle Hilfe (bei einem erfahrenen Burnout-Spezialisten), der Sie bei anstehenden Veränderungen begleitet. Wenn Sie die Symptome als bedrohlich empfinden und/oder die Fragen 37 und 51 mit einer hohen Punktzahl bewertet haben, sollten Sie nicht lange zögern und umgehend einen versierten Arzt oder Psychotherapeuten aufsuchen.

129–192 Punkte

Die Auswertung Ihrer Selbsteinschätzung zeigt, dass Sie sich selbst als wenig belastbar einschätzen und anfällig für das Burnout-Syndrom sind. Belastungen und Erwartungen ziehen Ihnen Energie ab und lassen die Alarmleuchte in Ihrer Lebensbatterie leuchten.

Erwägen Sie eine Auszeit für eine Neuorientierung. Beschäftigen Sie sich mit den acht Phasen des persönlichen Turnarounds (siehe Kapitel 4 dieses Buches), den notwendigen Instrumenten und Bewältigungsstrategien im Umgang mit Belastungen und Burnout. Übernehmen Sie die Regie in Ihrem Leben, definieren Sie Ihre Lebensvision und relativieren Sie Ihre Ansprüche auf ein sinnvolles Maß. Überdenken Sie Ihr Selbstmanagement und ordnen Sie die Prioritäten Ihrer Arbeit neu.

Wichtig ist, dass Sie eine ausgewogene Balance von Gesundheit, Anspannung und Entspannung im Beruf und im Privatleben aufbauen. Achten Sie auf Ihren Körper und tun Sie wieder Dinge, die Ihnen Spaß machen und Lebenskraft geben. Nehmen Sie die Umstände und sich selbst nicht zu ernst und setzen Sie sich nicht zu hohe Ziele. Gehen Sie liebevoll mit sich selbst um und achten Sie darauf, dass Sie an sich selbst denken und nicht nur an die anderen.

65–128 Punkte

Nach Ihrer Selbsteinschätzung lassen Sie sich nicht so schnell aus der Bahn werfen und haben den richtigen Weg in Richtung persönlicher Weiterentwicklung eingeschlagen. Doch achten Sie auf Ihre Selbstwahrnehmung. Sie kennen zwar Ihre Reaktionen auf Belastungen und Ihr eigenes Anspruchsniveau, haben aber noch Verbesserungspotenzial. Möglicherweise gibt es bei Ihnen Stolpersteine in der Wahrnehmung und der Erkennung körperlicher Symptome.

Finden Sie heraus, welche Situationen für Sie anstrengend und belastend sind und wie Sie wann und wo mit welchen körperlichen oder emotionalen Symptomen reagieren. Wie man das macht, erfahren Sie im folgenden Kapitel. Ihr körperlicher „Scanner" gibt Ihnen sofort ein Feedback darüber, wie Sie eine Belastungssituation erfahren und erleben, wenn Sie in Ihren Körper lauschen und Ihrem Bauchgefühl trauen. Relativieren Sie Ihre Ansprüche gegenüber sich selbst und anderen. Sorgen Sie gut für sich und sorgen Sie auch für eine gute Balance zwischen Anstrengung bei der Arbeit und privatem Ausgleich. Leiten Sie die nächste Stufe Ihrer Weiterentwicklung ein. Meditation, Yoga, Qigong oder Tai-Chi sind sinnvolle Möglichkeiten, Ihre Gesundheit zu fördern und Selbstachtsamkeit zu entwickeln.

0–64 Punkte

Gratuliere! Ihrer Selbsteinschätzung nach haben Sie einen gesunden Umgang mit Belastungen und Ihren eigenen Erwartungen entwickelt. Demnach besteht für Sie derzeit keine Gefahr, in ein Burnout zu schlittern. Sie kennen sich und Ihre Belastungs-reaktionen gut, erkennen die körperlichen Warnzeichen und können adäquat damit umgehen. Ihr Anspruchsniveau ist nicht überzogen und Sie setzen sich realistische Ziele. Mit Belastungen und Herausforderungen des Alltags gehen Sie eigenverant-wortlich um und lassen sich nicht durch Hektik und Belastungen bremsen. Sie sind auf dem besten Wege, achtsam und mit der notwendigen Distanz mit Belastungen und sich selbst umzugehen. Sie schaffen es, ein gesundes Verhältnis zwischen Priva-tem und Arbeit zu leben. Mit einer guten Anbindung an Ihr Körpergefühl und einer guten Präsenz können Sie mit Ihrer Energie hervorragend haushalten. Weiter so!

Wenn Sie bei sich psychosomatische Beschwerden und Erkrankungen, wie z.B. Übel-keit, Magenschmerzen, Durchfall, Kloß-im-Hals-Gefühl oder Rückenschmerzen, fest-stellen, sollten diese Symptome auf jeden Fall medizinisch abgeklärt werden, um ernsthafte Erkrankungen ausschließen zu können.

Energiekiller identifizieren

„Volle Kraft voraus setzt volle Kraft voraus" (Jörg-Peter Schröder)

In immer mehr Unternehmen lese ich in den Leitbildern, dass es sich um eine Hoch-leistungsorganisation handelt. Neulich las ich in einer Unternehmensbroschüre den Anspruch „Wir geben stets Spitzenleistung". Unglaublich. Wie sollen jedoch Mitarbei-ter Hochleistung geben, wenn ihnen die Kraft dazu fehlt?

→ Seminarübung

Schritt 1: Bitte checken Sie Ihre Kraftreserven

Entlarven Sie Ihre Energiespender und -räuber auf Basis Ihrer Per-sönlichkeitsmuster durch eine Selbstbewertung. Definieren Sie, wel-che Lebensbereiche Sie als Energiegewinn empfinden und welche Ih-nen Energie abziehen.

Stellen Sie sich dazu vor, die Ihnen zur Verfügung stehende (Lebens-) Energie wäre in einer Energiewanne gespeichert. Bestimmen Sie für sich als Erstes, wie voll Ihre Energiewanne mit Lebensenergie gefüllt ist. Definieren Sie dann all die Punkte, die dazu beitragen, dass die Energiewanne gut gefüllt ist.

Folgende Dinge geben mir persönlich Energie:

_____

_____

_____

Definieren Sie nun die Punkte, die dazu beitragen, dass Ihrer Energiewanne Energie abfließt, sodass Sie Lebenskraft verlieren. Denken Sie z.B. an Ihre Einstellung und Ansprüche, Ihre Erwartungshaltungen gegenüber anderen und sich selbst, Hektik, Unorganisiertheit, Kritik der anderen, Konflikte, Angst, Verleugnung, Überforderung.

_____

_____

_____

Je mehr Faktoren Sie finden, die Ihnen Energie abziehen, desto eher müssen Sie etwas ändern – sich selbst, Ihre Einstellung, Ihre Erwartungen, die Situation.

Schritt 2: Finden Sie heraus, wie sich bei Ihnen Stress entwickelt

Stress entwickelt sich dynamisch. Wenn wir unsere Komfortzone verlassen, zeigen sich unsere individuellen Muster. Was Sie selbst als „kontrollierten Stress" erfahren und noch zu einem gewissen Grad selbst steuern können, entwickelt sich – wenn keine Intervention erfolgt – allmählich zu unkontrollierten Verhaltensweisen.

Stellen Sie sich folgende Fragen:

Was stresst mich?

_____

_____

_____

Was spüre ich körperlich im Stress?

_____

_____

_____

Was hilft mir ganz konkret, wenn ich in Stress gelange?

_____

_____

_____

Schritt 3: Reflektieren Sie, wie Sie auf Belastungen reagieren

In unkontrollierten Stresssituationen fühlen Sie sich „neben oder außer sich" und haben ausgeblendet, was Sie gut können und über Jahre trainiert haben; die eigene Kernkompetenz scheint nicht mehr im Visier zu sein.

Beispiel für unkontrollierten Stress: Stellen Sie sich vor, dass Sie die ganze Nacht nicht haben schlafen können, da Ihre Kinder Brechdurchfall hatten. Morgens schleppen Sie sich mit Kopfschmerzen kraftlos zur Arbeit. Neben Ihrem Büro wird mit einem Presslufthammer gearbeitet, um neue Rohre zu verlegen. Bei Ihrer Ankunft sagt Ihnen Ihre Kollegin, dass Ihr Partner angerufen hat, weil in der Küche eine Wasserleitung geplatzt ist. Als sie zurückrufen wollen, stolpert ein Kollege und kippt Ihnen Kaffee über den Schreibtisch.

Wie sind Sie, wenn Sie sich maximal belastet fühlen und unter Hektik, Druck und Stress leiden? Hand aufs Herz: Treten Sie Türen ein? Schmeißen Sie mit Gegenständen? Rasten Sie aus?

In so einer Situation fühle ich mich ...

_____

_____

_____

Die Intensität des Erlebens von Belastungen und Stress hängt neben der Bewertung und der Häufigkeit des Auftretens sowie deren Dauer und Stärke vor allem davon ab, welche Erfahrungen Sie in einer ähnlichen Situation gemacht haben. Ihre Bewertung und Handlung werden maßgeblich davon bestimmt.

Die Energiespender und -räuber sind bei jedem anders. Anhand der Auflistung, die Sie in der voranstehenden Seminarübung erstellt haben, können Sie sich bewusst machen, was Sie persönlich blockiert und damit weiter in den unkontrollierbaren Stress sacken lässt und was Sie persönlich antreibt und bei Ihnen Kräfte freisetzt, um sich aus dem gefährlichen Stresssog gezielt herauszubewegen.

→ Übung

Was bedeutet für mich „Volle Kraft voraus"?

_____

_____

Wann leiste ich „Volle Kraft voraus"?

_____

_____

Was sind die idealen Rahmenbedingungen, die ich brauche, um eine Topleistung bringen zu können?

_____

_____

Welche Rahmenbedingungen sollte ich unbedingt ausschalten, weil sie eine leistungsmindernde Wirkung auf mich ausüben?

_____

_____

Wie kann ich meine persönlichen Stärken stärken?

_____

_____

Wie kann ich mich vor Selbst- und Fremdausbeutung schützen?

_____

_____

Wie verschaffe ich mir mehr Abstand zu mir und zu den Dingen?

_____

_____

Wie gestalte ich mein Arbeitsumfeld so, dass ich die Ziele, die ich mir gesteckt habe, mit dem geringsten Kräfteaufwand erreiche?

_____

_____

Wie kann ich sicherstellen, dass ich das, was ich gesagt (mir vorgenommen) habe, auch wirklich umsetze?

_____

_____

Um Ihre Gesundheit zu schützen und die Burnout-Gefährdung zu senken, ist es wichtig, rechtzeitig die Signale zu erkennen. Prüfen Sie daher genau, wann solche Symptome auftreten und wann Sie hingegen nicht unter diesen Symptomen leiden und sich richtig wohlfühlen.

→ Übung: Stress-Tagebuch

Was habe ich bei mir selbst wahrgenommen?

Anregung: Reflektieren Sie nicht nur Zurückliegendes, sondern legen Sie ein Stress-Tagebuch an. Notieren Sie in den Wochen nach dem Seminar/Workshop auftretende Stress-Symptome – um herauszufinden, wann sich welches Stress-Symptom wie bemerkbar macht.

Wann?	Was hat Sie gestresst?	Wie stark war das Symptom (Skala 1 bis 6)?	Was haben Sie körperlich wahrgenommen?	Was haben Sie daraufhin getan?

→ Seminarübung: Persönlicher Wochenplan

Was nehmen Sie sich konkret für diese Woche vor, um den Stress zu bewältigen?

Montag:

Dienstag:

Mittwoch:

Donnerstag:

Freitag:

Samstag:

Sonntag:

Sie können sich dabei an Sätzen orientieren wie diesen:

→ *Heute mache ich ...*

→ *Heute lasse ich ...*

→ *Heute gönne ich mir ...*

→ *Heute beschenke ich ...*

→ Zusammenfassung

→ Der Burnout-Indikator ermöglicht eine Selbstbewertung Ihrer persönlichen Burnout-Gefährdung.

→ Der Prozess der Belastungsbewältigung ist von den Persönlichkeitsmerkmalen, der individuellen Bewertung sowie der Antwortfähigkeit und den Handlungsmöglichkeiten abhängig.

→ Um sich selbst besser zu erkennen, sind drei Dinge sinnvoll: Checken Sie Ihre Lebensbatterie und identifizieren Sie Ihre Energiespender und -sauger, finden Sie Ihr eigenes Perönlichkeitsprofil heraus und prüfen Sie Ihre Reaktion auf Belastungen und Stress.

→ Resümee, Umsetzung, Transfer

1. Persönlicher Aktionsplan

Welches sind für mich die wichtigsten Erkenntnisse aus diesem Kapitel?

_____

_____

Wo, wann und wie werde ich diese in die Praxis umsetzen?

_____

_____

2. Notizen

Welche Wirkung möchte ich konkret für mich erzielen?

_____

_____

Worauf muss ich besonders achten?

_____

_____

3. Follow-up-Übung – die persönliche Evaluation

Bitte bearbeiten Sie diesen Bereich circa vier Wochen nach dem Seminar/Workshop bzw. nach Durcharbeiten dieses Kapitels.

Was ist mir bei der Umsetzung meines Aktionsplans besonders gut gelungen?

_____

_____

Was ist mir bei der Umsetzung meines Aktionsplans weniger gut gelungen?

_____

_____

Was waren die Hindernisse?

_____

_____

Welche Erkenntnisse gewinne ich daraus?

_____

_____

4 Burnout-Prävention – Übungen in acht Schritten

„In dir muss brennen, was du in anderen entzünden willst."
Augustinus (354–430 n. Chr.)

Lern- und Arbeitsziel
In diesem Kapitel geht es darum, wie Burnout durch gezielte Maßnahmen der Prävention vermieden werden kann. Konkretes Lernziel ist es, dass Sie sich aktiv mit dem Modell der acht Phasen auseinandersetzen und die Übungen durcharbeiten.

Da sich Menschen in Persönlichkeitsprofil, Erfahrung, Wissen, Wahrnehmungsfähigkeit und der persönlichen Haltung unterscheiden, können präventive Ansätze zur Burnout-Prävention nur dann wirklich effektiv sein, wenn die Umsetzungsstrategie individuationsgerecht formuliert wird. Grundsätzlich werden folgende Ansätze der Prävention unterschieden:

Primärprävention
Sie verfolgt das Ziel der „Schadensverhütung". Unterschieden werden die Verhältnisprävention und die Verhaltensprävention.

Zur Verhältnisprävention gehören:
- → Arbeitsorganisation
- → Arbeitsmittel
- → Information
- → Betriebsklima
- → Anerkennung
- → Schulung
- → Beratung

Wichtige Ansätze der Verhaltensprävention sind:
- → Selbstmanagement der Mitarbeiter
- → Maßnahmen zur Stressbewältigung
- → Verfahren der Entspannung und Meditation

Sekundärprävention
Sie verfolgt das Ziel der „Schadensbegrenzung" und gliedert sich in die Früherkennung und die Intervention.

Die Früherkennung fokussiert auf eine Betreuung der Mitarbeiter und erfolgt aus einem interdisziplinären Ansatz arbeitsmedizinisch, psychologisch und erfahrener Coaches in dieser Materie.

Bei der Intervention werden Therapie, Verhältnis- und Verhaltensprävention eingesetzt.

Außen

Belastungs-Quelle

- Arbeitsbedingungen
- Rollen im Alltag
- Beziehungsdynamik
- Anforderungen
- Ansprüche
- Erwartungen
- Stress
- Umwelteinflüsse
- Verunsicherung
- Veränderung von Rahmenbedingungen
- Krisensituationen
- Trauma

Innen

Persönlichkeitsmerkmale

Individuelle Bedingungen

- Konstitution, Belastbarkeit
- Gesundheit, genetische Faktoren
- Neuroendokrine Balance
- Resilienz
- Potenziale, Talente, Stärken
- Erziehung
- Lebensprogramm, wiederkehrende Muster
- Ressourcen
- Selbstwert
- Selbstwirksamkeit
- Angst, Erwartungsspannung
- Grundhaltung
- Bildung, Wissen
- Erfahrung

Antwortfähigkeit

Verarbeitungs- und Handlungsmöglichkeiten

- Reflexionsfähigkeit
- Bewertung, Interpretation
- Verstehen
- Einsichtsfähigkeit
- Perspektive
- Alternativenbildung
- Mechanismen/Techniken
- Gesunde Bewältigungsstrategien
- Umgang mit Ambiguität
- Prävention/Prophylaxe
- Präsenz
- Work-Life-Integration

Reaktion

Heilungswirbel (+)

- Gesundheit
- Bewegung, Lebendigkeit
- Eigenverantwortung
- Integrität

Negativspirale (–)

- Krankheit
- Burnout
- Fremdbestimmtheit
- Destabilisierung

Tertiärprävention

Sie verfolgt das Ziel einer „Schadensrevision". Die eingesetzten Verfahren sind die medizinische und psychologische Rehabilitation sowie Maßnahmen zur Wiedereingliederung in Gesellschaft und Beruf.

Ansätze zur Prävention von Burnout werden beeinflusst durch die Belastungsquelle, die Ressourcen, die Bewertung, die individuellen Persönlichkeitsmerkmale, die Antwortfähigkeit im Sinne der Verarbeitungs- und Handlungsmöglichkeiten und die gewählte Reaktion. Je nach Lebensprogramm, Mechanismen des Umgangs mit Belastungen und gelebter Eigenverantwortung kann der Weg in die Negativspirale des Burnouts oder in die Positivspirale der Gesundheit münden.

Die Wahl liegt beim Einzelnen: Jeder kann in einen positiven Heilungs- und Entwicklungswirbel einsteigen oder in die Frustspirale geraten. Die Entscheidung liegt bei Ihnen.

Schlimmer geht's immer – Schnurstracks in den Burnout

Selbstverständlich kann man überlegen, was man konkret tun könnte, damit man einen Burnout vermeidet. Weit effektiver als angestrengtes Nachdenken ist jedoch die Vorstellung, wie man am schnellsten dort hineinkommen könnte. Dazu benutze ich in Teamworkshops und Coachings die Kopfstandmethode, die ich bei den Kreativitätstechniken entlehnt habe. Das Vorgehen ist effektiv, kreativ und macht viel mehr Spaß, als sich das Hirn zu zermartern, wie es vielleicht ein bisschen effizienter gemacht werden kann. Probieren Sie es einfach selbst aus!

→ Übung mit der Kopfstandmethode

Bitte beantworten Sie folgende Fragen:

→ *Was können Sie tun, um im High-Speed-Tempo in ein Burnout zu gelangen?*

→ *Wie ruinieren Sie Ihre Gesundheit möglichst effektiv?*

→ *Wie machen Sie sich schnellstmöglich (selbst) fertig?*

→ *Wie bringen Sie sich schnellstmöglich in eine Lebenskrise?*

→ *Wie ziehen Sie sich am effektivsten selbst den Stecker aus der (Lebens-)Steckdose?*

→ *Sicher werden Ihnen hervorragende Ideen einfallen, wie Sie mit Volldampf in den Burnout rasen können. Durch geschickte Umkehrung der Sätze lassen sich ganz neue Lösungen für das Thema finden, an die Sie noch gar nicht gedacht haben. Probieren Sie es einfach aus.*

Die Übung lässt sich allein, aber noch besser in der (Seminar-)Gruppe durchführen. Gemeinsam findet man mehr und treffendere Beispiele. Diese sollen nicht bewusst überspitzt oder lustig sein, sondern ernsthaft abbilden, welches Verhalten zu den umrissenen Folgen führt. In der Umkehrung liegt dann der Schlüssel für positive Ideen. Wie das funktioniert, soll an einem Beispiel erläutert werden:

Nehmen wir an, Sie haben auf die Frage „Wie ruinieren Sie Ihre Gesundheit?" geantwortet: „Indem ich trotz beginnender Kopfschmerzen noch härter arbeite und das Kopfweh einfach ignoriere." Dieser Satz ist ein Angriff auf die Wertigkeit des eigenen Körpers und auf die persönliche Wertschöpfung. Eine sinnvolle Umkehrung könnte sein: „Wenn ich Kopfschmerzen verspüre, ist dies ein wichtiger Hinweis meines Körpers, dass etwas nicht stimmt. Anstatt mir nur eine Kopfschmerztablette aufzulösen, erlaube ich es mir, genau das zu tun, was jetzt meinem Körper guttut. Mir ist bewusst, dass meine Gesundheit die Voraussetzung für meine Leistungsfähigkeit ist. Wenn es mir wieder besser geht, bin ich auch wieder voll einsatzfähig."

Es geht auch anders – Re-Balancing-Konzepte

Die Fähigkeit, eigene Verhaltensmuster so zu ändern, dass Sie sich durch Belastungen und Stress nicht mehr fertigmachen lassen, ist kein Schalter, den man einfach betätigt, sondern vielmehr handelt es sich um einen Prozess der persönlichen Entwicklung. Es geht vor allem um die innere Bereitschaft, der jeweiligen Situation ins Auge zu schauen und diese zu akzeptieren. Der Wille eines Menschen, einen Burnout zu bewältigen, und die Überzeugung, dies auch schaffen zu können, hängen von unterschiedlichen Faktoren ab. Der Glaube an sich selbst und ein gesunder Optimismus sind auf dem Weg zurück zur Balance sehr wichtig. Es gibt unterschiedliche Ansatzhebel zum effektiven Umgang mit Stress, Belastungen und sich selbst:

→ bei uns selbst: authentisch und präsent leben und mit dem Leben mitgehen, anstatt dagegen anzukämpfen. Das bedeutet, Vertrauen und einen gesunden Optimismus zu haben – zu sich selbst und zu dem, wie es ist.
→ Einsatz von Methoden zur Problemlösung: um die Einstellung zu ändern, proaktiv Dinge zu gestalten, Belastungssituationen anders zu werten und das Selbstwertgefühl zu verbessern.
→ Erwartungen und Anspannungen auf ein normales Niveau bringen.
→ bei der Belastungssituation diverse Methoden nutzen, die Erregung und Belastungen drosseln und so verhindern, dass wir in einen Abwärtsstrudel der Hilflosigkeit und des Jammerns einsteigen.
→ Verhaltensmuster meiden, die uns von einem achtsam-entspannten Da-Sein abhalten.

Im Wesentlichen kommt es auf die eingenommene Perspektive an: Es geht nicht nur um die Klärung, warum ich in eine Burnout-Situation geraten bin, sondern um die Frage: Wie entwickle ich mich mir gemäß, meinen Werten entsprechend und glücklich?

Die Ursache für das Burnout-Syndrom liegt nur bedingt im Außen durch Umstände, Stress und Belastungen, sondern meistens in uns selbst. Die Schaltzentrale für die Verhaltenssteuerung ist jeder Einzelne selbst.

Nach meinen Erfahrungen im Coaching mit Menschen im Burnout arbeite ich mit einem modular maßgeschneiderten Transformationskonzept für den persönlichen Turnaround, das aus acht Phasen besteht und einem integralen Ansatz Rechnung trägt. Bei diesem Re-Balancing-Integrations-Konzept geht es weniger um eine Veränderung, sondern vielmehr um eine Förderung der individuellen Persönlichkeitsentwicklung. Der Unterschied ist gewaltig: Während Veränderung meist von außen intendiert wird (extrinsische Motivation), findet Entwicklung von innen statt (intrinsische Motivation). Auf Basis meiner Erfahrungen mit Führungskräften im Einzel- und Teamcoaching habe ich mich insbesondere mit der Frage befasst, wie der Burnout-Zyklus effektiv verlassen werden kann und welche Wege es gibt, um nicht wieder in den Abwärtsstrudel zu geraten.

Modell des persönlichen Turnarounds

Phase	Die Aspekte
Ent-Lasten	Distanz schaffen, raus aus der Negativspirale, Ressourcen aufbauen, gut für sich selbst sorgen, Selbstwertgefühl steigern
Ent-Täuschen	Rücknahme der Verleugnung, Akzeptieren der Selbsttäuschung und der Realität, verstehen, erfahren, erspüren, fühlen
Ent-Spannen	Vom Eingeständnis zum Einverständnis, auf Tuchfühlung mit der Seele gehen, Entspannungsverfahren und Meditation praktizieren; Leichtigkeit, Achtsamkeit, Gelassenheit, Spaß haben, Hobbys pflegen; Zeit für sich selbst nehmen und in der eigenen Zeit arbeiten
Ent-Decken	Bewusstmachen und -werden; Orientierung; Blickwinkel ändern; Erzeugen einer neuen Wirklichkeit; Vision, Mission, Ankopplung an eigenen Sinn und Werte; Kommunikation verbessern
Ent-Sorgen	Den wunden Punkt zum Wendepunkt der persönlichen Weiterentwicklung machen, sorgenfrei die Wende einleiten, das Jammern beenden, den Nutzen des Burnouts verstehen
Ent-Scheiden	Verantwortung für sich selbst übernehmen; zu sich selbst stehen; authentisch sein; Spielen im Möglichkeitsraum, ganz kleine neue Schritte gehen
Ent-Falten	Neue Redewendungen nutzen; sich Zeit nehmen; im eigenen Element sein; den persönlichen Aktionsradius vergrößern
Ent-Wickeln	Handlung und Integration; sich neu und anders erfinden; Vertrauen, Erlaubnis und Mut leben; GEMEINSAM mehr erreichen

Vom Verstand her begreifen Menschen, die sich auf ein Burnout zubewegen, die Notwendigkeit, etwas zu ändern. Doch eine Neuausrichtung wird erst dann nachhaltig erfolgreich sein, wenn sie im Einklang mit den persönlichen Potenzialen, Wertvorstellungen, der individuellen Lebensvision und der Anbindung an das Bauchgefühl entwickelt und gelebt wird. Das funktioniert nur von innen. Gerade beim Burnout geht es darum, aus der eigenen Mitte sein eigenes Leben neu zu führen – und „führen" ist ein aktiver Begriff, der Selbstverantwortung erfordert, um den persönlichen inneren Weg zur Essenz, Liebe, Klarheit, Stille und zum Friede für das eigene Leben zu finden.

4.1 Ent-Lasten – Ressourcen aufbauen

„Wer schneller arbeitet, ist schneller fertig." Jörg-Peter Schröder

In dieser Phase geht es darum, die Last abzulegen, eine Auszeit zu nehmen, um Distanz zu der Situation zu schaffen, die in den Burnout-Strudel geführt hat. Nach dem notwendigen Abstand sollen dann in der Regenerationsphase Ressourcen aufgebaut und die Gesundheit gestärkt und gefördert werden.

Timeout statt Burnout – sich eine Auszeit gönnen

Eine der wichtigsten konkreten Maßnahmen ist es, Distanz zu schaffen, indem Sie sich eine Auszeit gönnen. Wer im Brennpunkt steht, muss den Brandherd als Erstes verlassen. Als akute Sofortmaßnahme zum „Brandschutz" bei beginnendem Ausbrennen ist es wichtig, die Kupplung zu treten, bevor der „innere Motor" Schaden nimmt.

→ Raus aus dem Hamsterrad: Nehmen Sie eine Auszeit, um Abstand von der Belastungssituation zu gewinnen. Am besten wäre es, sofort Urlaub zu nehmen. Dadurch gelingt eine bessere und klarere Bewertung der Situation. Durch das Treten der Kupplung Ihres „inneren Motors" erreichen Sie, dass die Belastungssituation beendet wird. Die innerlichen Erregungsspitzen in Form von Wut, Aggression, Angst werden kupiert. Zudem wird verhindert, dass Sie noch tiefer in den Burnout-Strudel hineinschlittern.

→ Falls Sie an sich wirklich ernsthafte Anzeichen einer späten Phase des Burnouts festgestellt haben und krank sind, gehen Sie zum Hausarzt Ihres Vertrauens und lassen Sie sich krankschreiben.

Die Bewältigung des Burnouts ist ein Prozess und kein An-aus-Schalter. Das braucht Geduld und Sie dürfen sich nicht unter Zeitdruck setzen oder setzen lassen. Da sich das Burnout-Syndrom schleichend über einen längeren Zeitraum einstellt, benötigen Bewältigungsmaßnahmen Zeit. Insbesondere persönliche Veränderung und Weiterentwicklung dürfen nicht durch Ungeduld und Erfolgsdruck torpediert werden.

Eigene Ressourcen aufbauen und die Gesundheit stärken

Für die Regenerationsphase ist es wichtig, die eigene Lebensbatterie durch Stärkung Ihrer Gesundheit und Aufbau von Ressourcen wiederaufladen zu können. Und diese Erholung und Gesundheitsförderung muss maßgeschneidert sein und braucht Zeit.

Ein Coaching-Klient drückte es so aus: *„Meine Zündschnur wurde immer kürzer. Mir kam es so vor, als stünde ich vor lauter Anspannung bei jeder Kleinigkeit kurz vor dem Platzen. Die Erholungsphasen wurden immer kürzer. Somit auch der Grad der Regeneration immer schlechter. Ich hangelte mich von Urlaub zu Urlaub, bei dem ich mich ein wenig erholen konnte. Danach fühlte ich mich wieder leistungsfähig – allerdings leider nur für weitere drei Wochen. Ich biss die Zähne zusammen und wollte durchhalten, aber ich konnte einfach nicht mehr."* In einer solchen Situation ist ein Aufenthalt in einer psychosomatischen Klinik angezeigt.

Wenn Sie für sich einen Aufenthalt in einer psychosomatischen Klinik in Erwägung ziehen, erkundigen Sie sich nach seriösen und erfahrenen Personen und Institutionen auf diesem Gebiet. Manchmal bietet sich auch ein Kuraufenthalt oder – bei leichten Ausprägungen des Burnouts – ein Wellnessurlaub an. Um die eigene Kraft wiederzuerlangen, ist es wichtig, dass Sie Dinge tun, die Ihnen Spaß machen. Zudem ist es empfehlenswert, Unterstützung durch Freunde und nahestehende Personen zu bekommen.

Kleine Auszeiten zwischendurch

Wirklich wichtig im Leben sind nur drei Dinge: Einatmen, ausatmen und weiteratmen. Mehr müssen Sie nicht machen. Das jedoch müssen Sie tun, sonst sterben Sie. Die Atmung hat eine enorme Bedeutung für die Vitalkapazität und die Vitalfunktion unseres Lebens. Dabei laufen Einatmen, Ausatmen und Weiteratmen automatisch ab – diese lebenswichtige Tätigkeit muss nicht nicht aktiv betrieben werden.

In entspannter Ruhe ist unsere Atmung rhythmisch, entspannt und langsam. In akuten Stresssituationen ist sie schnell und flach. Hier hilft oftmals eine Art Sauerstoffdusche, die Sie sich unbedingt gönnen sollten, wenn Sie merken, dass Sie innerlich unter Druck geraten:

Kleine Übung für zwischendurch

Raus aus dem Budenmief des Büros – rein in die frische Luft draußen. Gönnen Sie den Lungen einen Sauerstoff-Booster. Auch schenkt das Tageslicht einen Energieschub.

Nutzen Sie Ihre komplette Vitalkapazität und atmen Sie nicht auf Sparflamme. Durch kräftiges Atmen lassen sich Belastungen wegatmen, die Ihnen den Druck machen. Wir müssen dem Atem (des Lebens) Raum geben und ihn fließen lassen. Nach dem Auftanken können Sie erfrischt wieder durchstarten.

Viele Menschen atmen falsch. Die Folgen: Neben dem unökonomischen Anspannen der Atemmuskulatur kommt es zu Verkrampfungen und einem Ansteigen des Erregungsniveaus. Atemtechniken können dabei helfen, die Atmung zu beruhigen, sich selbst für den eigenen Atemrhythmus zu sensibilisieren und zur Entspannung zu gelangen.

Die folgende Übung dient zur Erweiterung der Atmungskapazität.

→ Atem-Übung – Ausatmeeeeeeeeeeeeeen

Vorab: Die Übung ist für den Alltag gedacht und regt an, immer mal eine Pause zu machen und eine Auszeit zu nehmen. Sie lässt sich im Seminar oder Workshop ausprobieren, was entsprechende räumliche Voraussetzungen braucht. Im späteren Alltag gilt es dafür zu sorgen, dass die Übung nicht gestört wird – also Telefon umstellen/abschalten, Handy ausschalten und ein Schild an die Tür hängen mit der Botschaft, dass Sie jetzt nicht gestört werden möchten. Jetzt nicht!

Die Schritte der Übung:

→ *Fenster öffnen, für frische Luft sorgen und wenn Sie mögen, den Raum ein wenig abdunkeln.*

→ *Kragen, Gürtel und die Schnürsenkel der Schuhe lockern.*

→ *Sich nun ganz entspannt mit angewinkelten Beinen auf den Rücken legen, auf eine nicht zu harte Unterlage wie zum Beispiel eine Isomatte.*

→ *Die Augen schließen und ruhig durch die Nase einatmen; die Ausatmung sollte ganz langsam und gleichmäßig durch den Mund erfolgen. So schnell oder langsam atmen, wie es gerade angenehm ist.*

→ *Um sich ganz auf die Bauchatmung konzentrieren zu können, jetzt die Innenflächen der Hände auf Höhe des Bauchnabels auf den Bauch legen, sodass sich die Fingerspitzen über dem Nabel berühren. Spüren Sie das Heben und Senken des Bauches während des Atmens: Bei der Einatmung hebt sich der Bauch und die Hände mit ihm durch das Senken des Zwerchfells. Bei der Ausatmung wird der Bauch wieder flach und die Hände kehren in die Ausgangsposition zurück. Bleiben Sie mit Ihrer Aufmerksamkeit einfach in Ihrer Bauchregion und nehmen Sie das Heben und das Senken der Bauchdecke wahr.*

Gut für sich selbst sorgen – die „me first strategy"

Die wichtigste und erste Aufgabe ist es, gut für sich selbst zu sorgen. Das beginnt damit, „gut für sich selbst zu sein": Dinge tun, die das Selbstwertgefühl heben, für eine optimistische und positive Grundhaltung sorgen. Das hat nichts mit positivem Denken zu tun. Die Haltung, die dahintersteht, ist die folgende: Wenn wir gut für uns sorgen, ist für alle gesorgt.

Eine lebensbejahende und wertschätzende Haltung uns selbst gegenüber ist ein wichtiger Schritt in die richtige Richtung.

Die vier Säulen des Selbstwertgefühls

Es gibt Menschen, die durchaus spüren, dass sie sich nicht so gut fühlen, ohne sich aber selbst genau im Klaren darüber zu sein, woran dies eigentlich liegen könnte. Nach und nach – teilweise ganz subtil und unbemerkt – wurden ihr Selbstwertgefühl, ihr Selbstvertrauen und die Empfindung, wie wohl sie sich fühlen, ausgehöhlt. Jedes kleine Mikrotrauma – eine Beleidigung, eine verachtende Geste – verstärkt den Prozess. In Zusammenhang damit steht häufig die verlorene Fähigkeit, die Verbindung zur eigenen Innenwelt zu spüren. Wir nehmen uns nicht mehr selbst wahr. Das mangelnde Selbstwertgefühl und der emotionale Schmerz, die im Zentrum des Burnouts stehen können, haben ihre Wurzeln möglicherweise in der frühen Kindheit, als die bedingungslose Liebe, die ein Kind braucht, nicht ausreichend gewährt wurde – zu diesem Schluss könnte ein Psychologe kommen. Das Gefühl der eigenen Wertlosigkeit wird häufig mit übereifrigem Ehrgeiz kompensiert, um ein Lob oder eine Anerkennung von anderen zu bekommen.

Unser Selbstwertgefühl ist ein fundamentaler Wert. Was sind Sie sich persönlich eigentlich selbst wert? Jeder weiß, was passiert, wenn Sie Ihren alten Wagen verkaufen wollen. Es wird eine Wertschätzung Ihres Autos vorgenommen. Und Sie können den Wert steigern, wenn der Wagen gut gepflegt ist, gut aussieht und von innen gesaugt ist. Es ist eine Form von Wertschätzung gegenüber Ihrem Wagen. Doch es gibt viele Menschen, die dem Auto mehr Wertschätzung entgegenbringen als sich selbst. Dem Auto wird das beste Öl in die Wanne geschüttet – Sie selbst jedoch essen nur Toastbrot aus dem Discounter um die Ecke. Das ist keine Wertschätzung gegenüber sich selbst.

Hand aufs Herz: Wie schätzen Sie Ihr Selbstwertgefühl auf einer Skala von null bis hundert ein? Es geht um ein tiefes Vertrauen in das eigene Selbst, um die Fähigkeit, mit den grundsätzlichen Dingen des Lebens klarzukommen und um die damit verbundene Erlaubnis, erfolgreich und glücklich zu sein. Dieses Gefühl bedeutet, etwas wert zu sein, unabhängig vom Status in der Gesellschaft. Es ist das Gefühl, es zu verdienen, die eigenen Wünsche und Bedürfnisse leben zu dürfen und sich nach eigenen Wertvorstellungen und -maßstäben entfalten zu können.

Der Kern des Selbstwertgefühls basiert auf vier Säulen:
1. Selbstakzeptanz – gemeint ist eine positive Einstellung zu sich selbst als Mensch und Persönlichkeit.
2. Selbstvertrauen – gemeint ist eine positive Einstellung zu den eigenen Talenten, Fähigkeiten und Fertigkeiten.
3. Soziale Kompetenz – hierbei geht es um das Erleben von Kontaktfähigkeit.
4. Soziales Netz – es geht um das Eingebundensein in positive und soziale Beziehungen. Kollegialität ist mehr, als nur gut mit Kollegen zusammenzuarbeiten.

Menschen mit einem guten und realistischen Selbstwertgefühl haben meist eine gut ausgeprägte Fähigkeit, mit Veränderungen und Belastungen umzugehen. Ihre Resilienzfähigkeit und Robustheit sind hoch. Sie sind reflektiert und fähig, auch eigene Fehler zuzugeben. Ein schlechter Selbstwert korreliert häufig mit angestrengtem

Festhalten an alten Strukturen, einer Furcht vor Neuem und Veränderungen, einer Abwehrhaltung sowie einer ausgeprägten Feindlichkeit gegenüber anderen.

Unser Selbstvertrauen entscheidet darüber, wie wir unsere eigenen Fähigkeiten einschätzen.Die Weiterentwicklung der Persönlichkeit beginnt nicht mit dem Satz „Trau *dich*, etwas zu tun", sondern mit der Erlaubnis „Trau *dir*". Wenn das „Trau *dir*" nur schwach ausgebildet ist, wird das „Trau *dich*" nicht erfolgreich umgesetzt werden können. Die Selbstsicherheit kann immer nur von ganz innen kommen. Aber Sie können diese durch äußere Einflüsse unterstützen. Sinnvolle Ansätze dazu könnten sein:

- → Gut ist gut genug. Machen Sie die Dinge, so gut Sie diese tun können. Mehr braucht es nicht. Es geht aber nicht darum, die Arbeit perfekt zu erledigen. Setzen Sie sich daher realistische Ziele.
- → Sie dürfen sich und neue Dinge ausprobieren. Damit können Sie neue Fähigkeiten erlernen.
- → Bitten Sie andere um Unterstützung. Gemeinsam ist man besser als allein. Zögern Sie daher nicht, andere anzusprechen, wenn Sie merken, dass eine Ihnen gestellte Aufgabe in der vorgegebenen Zeit unrealistisch zu erledigen ist.
- → Lernen Sie aus Rückschlägen, Niederlagen und Fehlern.

Es gibt einen direkten Zusammenhang zwischen einem guten Selbstwertgefühl und dem eigenen Leistungsvermögen und auch dem Gefühl, im Leben erfolgreich zu sein. Wenn wir wieder Vertrauen zu uns selbst aufbauen, indem wir uns hören, spüren, wahrnehmen und mit uns achtsam und wertschätzend umgehen, kann Selbstvertrauen und damit ein Selbstwertgefühl erzeugt werden.

Fallbeispiel Frau/Herr M.

Frau/Herr Mustermann hat heute 32 Dinge auf die To-do-Liste geschrieben, die sie/er heute unbedingt erledigen muss. Das würde den ganzen Tag ausfüllen. Jetzt kommt es, wie es kommen muss: der Tag verläuft zu mehr als 75 Prozent fremdbestimmt. Andere wollen etwas, ganz eilige Dinge müssen dringend erledigt werden, Besprechungen finden spontan statt, Leute sind zurückzurufen und so weiter. Bilanz am Abend: 13 von den 32 Punkten geschafft. Wie mag sich Frau/Herr M. fühlen?

Das geht die ganze Woche so – an allen fünf Tagen der Woche sind immer nur 13 von 32 Punkten abgearbeitet. Und es setzt sich fort – den Monat über, das Jahr über. Am Ende hat Frau/Herr M. ein fades Gefühl oder fühlt sich gar als „Loser".

Typisch? Steht M. für Mustermann und ist das eine Beschreibung, die uns alle trifft? Wenn es Ihnen so gehen sollte – können Sie sich vorstellen, wie hoch Ihr Selbstwert nach zehn Jahren ist? Sie werden ihn kaum mehr messen können.

Was fällt Ihnen ein, was Ihren Selbstwert ganz konkret verbessert? Viele Menschen beuten sich selbst aus – und wissen nicht, wie es sich anfühlen würde, wenn sie genau das Gegenteil machten. Wie wäre es denn damit, sich selbst reich zu beschenken?

Denken Sie dabei auch an die kollegialen Beziehungen am Arbeitsplatz. Die Zusammenarbeit und der Zusammenhalt werden stärker, wenn ein gutes Verhältnis zu den Kollegen besteht. Im besten Falle kann es dazu führen, sich bei der Arbeit als Teil einer Familie zu fühlen.

→ Seminarübung

Ziel der Übung: sich bewusst machen, dass der Selbstwert aus den oben dargestellten vier Säulen besteht.

Bitte ergänzen Sie den folgenden Satz und beantworten Sie dann die Fragen:

Selbstwertgefühl bedeutet für mich ...

_____

_____

Wann gehe ich gut mit mir selbst um? Wie fühle ich mich dann?

_____

Wann behandele ich mich selbst nicht gut?

_____

Woran merke ich dies?

_____

Bin ich mit mir zufrieden?

_____

Was kann ich sehr gut, was ist meine Stärke?

_____

Was gelingt mir leicht?

_____

Wo habe ich etwas erreicht?

_____

Welche Zweifel habe ich?

_____

Fällt es mir leicht, mit anderen Menschen umzugehen?

_____

Nehme ich Kritik von Kollegen persönlich?

_____

Kann ich die Nähe und den Abstand zu anderen Menschen gut regulieren?

_____

Wann merke ich, dass andere eine Grenze bei mir überschreiten?

_____

Habe ich eine gute Partnerschaft?

_____

Kann ich mich auf meine Freunde verlassen?

_____

Für wen bin ich wichtig?

_____

Beseelte Arbeit – vom Job zur Berufung

Lieben Sie, was Sie tun? Brennen Sie dafür? Würden Sie Ihre Arbeit auch machen, wenn Sie nichts dafür bezahlt bekämen? Burnout ist nicht primär an die Menge der Arbeit gekoppelt. Wohl aber an die Tatsache, ob die Arbeit gern getan wird und als sinnvoll erlebt wird – oder eben nicht. Wenn die Arbeit Spaß macht, geht sie uns spielerisch und leicht von der Hand. Wenn wir sie aber innerlich ablehnen, kostet es uns sehr viel Kraft – besonders, uns selbst zu überwinden.

In Coachings bin ich vielen Menschen begegnet, die ihre Arbeit richtig, professionell und effizient erledigen. Aber es fehlt das Leuchten in den Augen. Das innere Feuer der Begeisterung ist erloschen. Es scheint, als sei die Seele mit Lustschutzfaktor 30 eingeschmiert. Doch der seelische Kollateralschaden ist groß. Menschen spüren eine Sehnsucht der Seele, etwas Besonderes zu sein und ihre ganz eigene Spur im Leben zu hinterlassen. Damit diese Wunde nicht so schmerzt, wird Frustschutzmittel – in Form von Alkohol, Schokolade oder Ähnlichem – eingenommen. Schokolade funktioniert als Seelenbalsam ganz hervorragend, denn es ist wissenschaftlich erwiesen, dass Schokolade im Körper über die Ausschüttung biogener Amine Glücksgefühle hervorruft.

Ein Job ernährt den Körper, aber eine Berufung nährt die Seele. Anstatt mittelmäßig und lieblos irgendeine Arbeit zu tun, wünschen sich viele, ihre Einzigartigkeit zu erkennen und das zu machen, was ihnen wirklich innere Erfüllung gibt und was die Seele erfüllt. Einen Beruf zu haben, weitgehend das zu tun, was uns wirklich Spaß macht, Erfüllung und Sinn zu spüren und mit anderen verbunden zu sein. Die Freiheit zu haben, den Schwerpunkt unserer Arbeit auf unsere Fähigkeiten, Potenziale, Neigungen und Kompetenzen zu legen. Und in diesem Bereich mit jedem Auftrag noch ein Stückchen besser werden zu wollen. Diese Glücksmomente durch Lernerfahrung sind ein wichtiger Teil unserer Entlohnung – und genau das macht den Unterschied zwischen einem Job und einer Berufung aus. Letztlich können wir unsere Träume nur dann verwirklichen, wenn wir uns entschließen, daraus zu erwachen und zu handeln. Der beste Zeitpunkt ist immer jetzt!

Letztlich können wir den äußeren Rahmen nur sehr bedingt beeinflussen. Ein Hauptaspekt für das Burnout liegt in unserem Inneren. Es gibt bestimmte Dispositionen, die es erleichtern, in eine Burnout-Situation zu gelangen. Anstatt nur auf die Seite des Problems und möglicher Schwächen zu blicken, möchte ich mit Ihnen den Blickwinkel ändern und auf Ihre Stärken und auf das, was Sie erfolgreich macht, schauen.

Fallbeispiel

Manuela Gönner war 41 Jahre alt. Die Juristin betrieb mit ihrem Mann eine großen Rechtsanwaltskanzlei. Sie hatte drei Kinder im Alter von vier, sieben und zehn Jahren. Nach dem Studium und ihrer Promotion war sie einige Jahre als Assessorin in einer Unternehmensberatung tätig. Bis vor vier Jahren spielte sie noch dreimal in der Woche im Volleyballverein auf hohem Niveau.

Als ich sie bat, zu beschreiben, wie sich Erfolg anfühlt, sagte sie, dass sie noch niemals in ihrem Leben erfolgreich gewesen sei. Auf meinen Hinweis, dass sie doch ein sehr schwieriges Studium erfolgreich beendet und auch ihre Promotion erfolgreich abgeschlossen habe, dass sie eine erfolgreiche Ehe führe, erfolgreich Kinder zur Welt gebracht und erfolgreich Volleyball gespielt habe und dass sie zudem noch erfolgreich als Rechtsanwältin arbeite, antwortete sie nur lapidar: „Das ist doch selbstverständlich!"

Sie hatte die Messlatte für ihre Ziele derartig hoch gelegt, dass sie sehr gute Ergebnisse bereits als Selbstverständlichkeit einstufte.

→ Seminarübung zum Erfolgreichsein

Können Sie sich eingestehen, dass Sie erfolgreich sind oder waren – oder haben Sie ein schlechtes Gewissen? Was bedeutet für Sie Erfolg? Überlegen Sie in Ruhe, was Sie persönlich mit Erfolg verbinden und wann Sie sich so richtig erfolgreich gefühlt haben. Denken Sie dabei weniger an die Situation selbst, sondern mehr an Ihr Gefühl in dieser Situation. Anstatt genau zu beschreiben, wie die Umstände waren, als Sie Ihren Schulabschluss gefeiert, einen Preis erhalten oder ein Tor geschossen haben, sollten Sie erkunden, welche Bedeutung das Ereignis für Sie hatte und was damit emotional für Sie verbunden war. Bitte ergänzen Sie:

Erfolg hatte ich, als ich …

1. _____

_____

2. _____

_____

3. _____

_____

Welche Bedeutung hatte das Thema Erfolg in diesen Situationen?

_____

_____

_____

Ist Leistung der einzige Maßstab, der zählt? Im Coaching habe ich viele Menschen kennen gelernt, die sich angestrengt und eifrig dem Arbeitserfolg verschrieben haben, später aber feststellen mussten, dass der Spaß und die Lebenserfüllung abhanden gekommen waren. Oder sie haben einen hohen Preis für den angeblichen Erfolg in unterschiedlicher Währung bezahlt: Scheidung, Krankheit, Frustration und Depression.

Sei wie ich, verspricht ein Seminar. Mach es wie die Sieger, empfehlen andere. Doch es geht nicht darum, ein großes Vorbild zu imitieren, sondern darum, sich selbst zu folgen. Es geht nicht um die Menge, sondern um die Effektivität dessen, was wir tun. Doch dazu müssen wir alte Muster und überkommene Mythen vom Erfolg und gesellschaftliche Erwartungen hinterfragen. Könnte es sein, dass *weniger tun* zu *mehr Erfolg*, Spaß, Leichtigkeit und Lebensqualität führt?

Erfolgreich sein ist etwas anderes als *Erfolg haben*. Erfolgreich ist, wer sich selbst folgt, authentisch ist, das tut, was ihm entspricht – und andere dabei einbezieht. Meine Definition von Erfolg ist ganz einfach: *„Erfolg ist, was folgt, wenn wir uns selbst folgen."* Die Umsetzung dieses Geheimnisses ist vor allem eine Frage der Einstellung, der Art und Weise, wie man mit Menschen und mit Dingen umgeht. Wir befinden uns in einem Balancezustand zwischen innerer Bereitschaft und äußerem Einfluss. Die Rahmenbedingungen im Außen beeinflussen unser Handeln. Es gibt ein inneres Bedürfnis und es gibt einen äußeren Bedarf. Und wir dürfen wählen und abwählen. Wir *müssen* nicht nur funktionieren. Wenn wir es wirklich *wollen*, dann können wir unser Verhalten auch ändern. Anstatt dem Erfolg in der Arbeit angestrengt hinterherzuhecheln, können wir unsere Lebenserfüllung stärker in den Blick nehmen. Was ist wichtiger – Erfolg im Job um jeden Preis oder ein erfülltes Leben, das ein Quantum Erfolg natürlich mit einschließt? Und Sie persönlich haben es in der Hand!

Was viele Menschen von dieser Perspektive abhält, ist Aktionismus anstatt Aufgabenerledigung: Anstatt die Dinge zu machen, die wirklich wichtig sind, machen viele Sachen, die zwar gemacht werden müssen, aber nicht wirklich den eigenen Lebenszielen näherbringen. Das gilt im Beruf, aber auch im Alltag. Weniger ist mehr – was ist wirklich wichtig? Folgende Fragen mögen helfen, den Tag effektiver zu gestalten:

→ Muss es überhaupt gemacht werden?
→ Wenn es gemacht werden muss – muss ich es unbedingt *selbst* machen oder könnte es jemanden geben, der diese Arbeit besser machen kann – oder dem es mehr Spaß macht?

→ Aufspürfragen und Denkanstöße zur Selbstreflexion

→ *Wie kann ich am besten Abstand gewinnen?*

→ *Wodurch sorge ich sofort für Entlastung?*

→ *Was hilft mir, abschalten zu können?*

→ *Was kann ich jetzt und heute für meine Gesundheit tun?*

→ *Was gibt mir Kraft?*

→ *Was macht mir wirklich Spaß?*

→ *Wer kann mich unterstützen?*

→ *Was bringt mich heute weiter?*

Aus den Denkanstößen und ihren Antworten folgen …

→ Erlaubnisgeber zur Burnout-Prophylaxe

! *Ich darf gut für mich selbst sorgen.*

! *Ich erlaube mir, mich in meinem Leben an die erste Stelle zu setzen.*

! *Ich sorge dafür, dass mein Selbstwertgefühl steigt.*

4.2 Ent-Täuschen – Vom Eingeständnis zum Einverständnis

„Nicht die Dinge beunruhigen uns, sondern die Meinung, die wir von den Dingen haben." (Epiktet)

Die Ent-Täuschung ist die nächste Phase. Hier geht es darum, die Selbsttäuschung durch das Verleugnen zu erkennen und anzuerkennen und die Ist-Situation im Hier und Jetzt zu akzeptieren. Es ist ein Prozess vom Eingeständnis zum Einverständnis.

In dieser Phase streiten viele Menschen ab, dass sie etwas oder sich selbst verändern sollten. Oft wird behauptet, alles sei in Ordnung.

Mithilfe des Zugangs über den Körper wird über das Erfahren und Erfühlen bei einem weiten Wahrnehmungsfeld ein Neuanfang für die persönliche Weiterentwicklung ermöglicht. Hierbei geht es um ein tiefes Verstehen, Erfahren, Erspüren und Fühlen.

Ein beginnendes Burnout-Syndrom kann der Aufbruch zu neuen Ufern der persönlichen Weiterentwicklung sein – oder zum lebensgefährlichen Absturz führen. Burnout ist eine Art (innerer) Vampir, der uns energetisch aussaugt, wenn eigene Schattenseiten nicht sinnvoll integriert werden. Bei bewusstem Erkennen der Alarmsignale können wichtige Voraussetzungen geschaffen werden, um neue Lernerfahrungen zu machen. Ignorieren und Verleugnen der Symptome jedoch bedeuten einen sicheren Weg in die Lebenskrise.

Konkrete Maßnahme – das Jetzt akzeptieren

Wir müssen die aktuelle Situation so akzeptieren, wie sie ist, und ebenso uns selbst so, wie wir sind, und nicht so, wie wir uns gern hätten. Das bedeutet, zu sich zu stehen und die Situation nicht länger zu verleugnen. Wir können nicht gegen uns selbst anrennen. Wir können nicht vor uns selbst weglaufen, da wir uns immer selbst mitnehmen.

Durch das Akzeptieren der Ist-Situation kann eine Erweiterung unseres Bewusstseins stattfinden. Zudem lassen sich durch Distanz und Akzeptanz Zusammenhänge besser erkennen und so neue Möglichkeiten eröffnen. Krisen bieten Chancen für die persönliche Weiterentwicklung, wenn sie als Anlass für eine Neuorientierung und als Auftakt für eine Weiterentwicklung genutzt werden. Immer nur „mehr vom Selben" führt nicht in neue produktive Wege der Weiterentwicklung. Dies bedeutet auch, die Selbstverleugnungsmechanismen zu erkennen.

Die Selbstverleugnung ist ein Hauptbestandteil des Burnouts. Mithilfe der unterschiedlichen Mechanismen dieser Selbsttäuschungen gelingt es, die Augen vor der Wirklichkeit zu verschließen und sich so vor den unangenehmen Gefühlen und Erfahrungen zu schützen.

Form der Selbstverleugnung/ Selbsttäuschung	Erläuterung
Verdrängung, Unterdrückung	„Eigentlich geht's mir gut." Tatsachen werden nicht wirklich anerkannt oder bewusst unterdrückt
Projektion	„Die anderen sind dafür verantwortlich, dass es mir so schlecht geht." Schuldzuweisungen bringen den Betroffenen in die Opferhaltung
Selbstbeschuldigung, Selbstabstempelung	„Ich war noch nie gut darin, meine Bedürfnisse zu artikulieren. – Ich bin nun mal ein analytischer Typ." „Ich mache immer alles falsch und bin immer der Blöde." – Vorwürfe ziehen nur Energie ab
Bagatellisierung	„Das kann schon mal passieren." „Es ist gar nicht so schlimm."
Selektives Hören, Sehen, Verstehen und Erinnern	„Daran kann ich mich überhaupt nicht erinnern." Die Vergesslichkeit ist eine Form der Selbstverleugnung
Verschiebung, Ersatzbefriedigung	Frustkäufe und Süchte (Alkohol, Drogen, Nikotin, Schuhe, Schokolade)
Vermeidung	Ziele werden nicht mehr verfolgt; stattdessen werden Dinge erledigt, die nicht wirklich wichtig sind

Bei den verschiedenen Formen der Selbsttäuschung wird eine Barriere zwischen der Person und der Wirklichkeit aufgebaut, damit die Realität verdrängt werden kann. Wenn wir uns darum bemühen, schmerzhafte, angstbesetzte und uns schwächende Erfahrungen zu vermeiden, gibt es keine Möglichkeit, den Transformationsprozess in Gang zu bringen. Es ist vielmehr so, dass die Verleugnung genau die Bedingungen schafft, die unnötiges Leiden und die Disposition für einen Burnout fördern und verlängern.

Auf Kosten der eigenen Ziele oder Karriere werden Konflikte oder Erschöpfung, Schlaflosigkeit und Krankheiten heruntergespielt oder bewusst ignoriert. Wenn die Karriereziele Vorrang im Leben haben, wird die Erschöpfung eben zum Feind erklärt, denn sie bedroht die Leistungsfähigkeit. Es ist – vermeintlich – leichter, sich selbst zu verleugnen, als Karriereziele loszulassen. Und es macht leichter, sich selbst anzunehmen und eigene Ziele zu erreichen.

Weg zur Körpermitte – körperliche Spürerfahrung

Um Wege für eine glückliche und gesunde Lebensentwicklung zu finden, greifen Kompensationsmechanismen, die lediglich am Symptom ansetzen, viel zu kurz. Das Verstehen der Ist-Situation allein genügt bei Menschen in Burnout-Situationen nicht, denn die Verbindung zwischen dem Verstehen des Kopfes und der körperlichen Spürerfahrung fehlt.

Dieses Verstehen des Kopfes muss mit dem Fühlen des Herzens und des Bauches in Übereinstimmung gebracht werden. Das setzt eine feinsinnige Fühlerfahrung voraus, die in geeigneten Körperverfahren, wie z.B. dem Focusing, vermittelt wird. Im Mittelpunkt dieser Methode steht das Bestreben, dem inneren Erleben Raum zu geben und *bei* den Gefühlen zu sein anstatt *in* ihnen. Das Verankern eines neuen Gefühls nach einer Focusing-Sitzung unterstützt den Coachee in hohem Maße dabei, alte Gewohnheitsmuster zu verlassen. Focusing ist ein hervorragendes Instrument zur Selbsterfahrung durch Selbstwahrnehmung. Dabei hören wir auf das Flüstern des Körpers, bevor er anfängt, laut zu schreien. Schmerzsymptome unseres Körpers sind warnende Aushängeschilder, auf denen Worte stehen wie: „Hilfe – so geht es nicht mehr weiter".

Anstatt die Alarmsignale der Belastungen auszuschalten, ist es richtig, die Warnhinweise als Veränderungsindikatoren aufzufassen, um einen Wandel der Verhaltensmuster einzuleiten, damit wir im Einklang mit uns selbst leben. Seit vielen Jahren nutze ich die körperorientierte Prozessarbeit sehr gezielt zur Unterstützung von Menschen in Veränderungssituationen, zur Stressbewältigung und Förderung der eigenen Gesundheit.

Eigentlich wissen wir ganz genau, was wir uns wünschen, was wir wirklich wollen und was uns davon abhält, es zu tun. Doch oft ist dieses Wissen nicht direkt zugänglich oder es kann sich nicht konkret äußern. Ann Weiser Cornell war eine der ersten Trainerinnen, die mit dem Verfahren des Felt Sense gearbeitet hat, das die Stimme des Körpers in den Mittelpunkt stellt. Ihrer Meinung nach haben wir nur verlernt, dieser inneren Stimme in unserem Körper Gehör zu verleihen, die sich in Körpergefühlen und Empfindungen ausdrückt. Wenn wir diesen Signalen aufmerksam zuhören, ist die Zielrichtung für die Lösung innerer Konflikte klar.

Die therapeutische Technik des Felt Sense setzt nicht bei Hintergründen von persönlichen Konflikten an, sondern direkt in der Gegenwart. Es geht immer um den Jetzt-Zustand. Was fühle ich jetzt, was empfinde ich genau in diesem Moment? Die körperorientierte Prozessarbeit ist ein Weg der Selbsthilfe, um Hemmungen zu überwinden, sich aus destruktiver Selbstkritik zu lösen, das eigene Leben so zu ändern, dass es auf der eigenen inneren Orientierung aufbaut, und die eigene Lebensenergie wieder fließen zu lassen.

→ Wahrnehmungsübung

Diese Übung lässt sich gleichermaßen in der Gruppe wie allein durchführen. In der Gruppe, z.B. im Seminar, besteht naturgemäß die Voraussetzung, dass genügend Raum zur Verfügung steht und die Teilnehmer mit einer Unterlage (Matte, Decke o.Ä.) ausgestattet sind, was bei der Vorbereitung zu beachten ist.

→ *Legen Sie sich bitte flach mit dem Rücken auf den Boden. Schließen Sie einen Moment die Augen und lassen Sie Ihren Körper zur Ruhe kommen. Mit jedem Atemzug darf der Körper mehr Gewicht nach unten zum Boden abgeben. Lassen Sie sich zuerst einmal mit dem Körper auf dem Boden ankommen. Nehmen Sie wahr, wie Ihr Kopf gerade liegt. Spüren Sie, wie die Schultern in Kontakt mit dem Boden sind. Wie ist Ihr Rücken in Kontakt mit der Unterlage? Wie liegen Ihre Beine auf dem Boden? Sind beide Beine gleich schwer oder sind sie ungleich schwer? Spüren Sie in sich und Ihren Körper hinein. Welche Bilder tauchen auf, wenn Sie die Augen schließen? Lassen Sie die Gedanken einfach weiterziehen und kleben Sie nicht daran fest. Bitte gehen Sie nun mit Ihrer Aufmerksamkeit in die linke Seite Ihres Körpers. Wo beginnt links? Wie weit geht links nach rechts?*

→ *Bitte gehen Sie mit Ihrer Aufmerksamkeit dann in die rechte Seite Ihres Körpers. Wo beginnt rechts? Und wie weit geht rechts nach links? Wo empfinden Sie die Mitte?*

→ *Die gleiche Übung können Sie mit den anderen Achsen Ihres Körpers machen: oben – unten, vorne – hinten, innen – außen. Nach einem erneuten tiefen Atemzug möchte ich Sie bitten, den Körper als Ganzes wahrzunehmen – wie die Beine jetzt schwerer geworden sind, wie der Rücken noch mehr Gewicht zum Boden abgegeben hat und wie die Schultern noch tiefer nach unten gesunken sind. Dann dürfen Sie Ihre Augen langsam wieder öffnen.*

Mithilfe des körperlichen Zugangs wird über das Erfahren und Erfühlen bei einem weiten Wahrnehmungsfeld ein Neuanfang für die persönliche Weiterentwicklung ermöglicht.

SICH SELBST WAHRZUNEHMEN UND ZU FÜHLEN, IST DIE VORAUSSETZUNG DAFÜR, ERFOLGREICH ZU SEIN UND ANDERE FÜHREN ZU KÖNNEN. ES GEHT DARUM, (WIEDER) EIN GESPÜR FÜR SICH SELBST ZU ENTWICKELN.

Stimme, Stimmung, Gestimmtheit

Eine Schnupperspur zum eigenen Ich ist Ihre Stimme. Stimme, Stimmung und Gestimmtheit sind eng verwandt. Wenn die Situation eng wird, reagiert unsere Stimme meist direkt. Beobachten Sie sich einfach einmal, wie Ihre Stimme klingt, wenn Sie entspannt sind, und wie sie klingt, wenn Sie angestrengt, hektisch oder gestresst sind. Wie beeinflusst die Stimmung anderer Ihre eigene Gestimmtheit? Und welche Auswirkungen hat Ihre Stimmung auf Ihre Stimme? Es ist aufschlussreich, die eigene Stimme zu decodieren.

Eine wunderbare Art, dies spürbar zu erfahren, ist eine Singwerkstatt. Singen macht Spaß, singen tut gut, singen macht munter und singen macht Mut. Probieren Sie es doch einfach mal aus.

Unsere Wahrnehmungsfähigkeit ist eine Hoch-Zeit der Sinne. Hierzu ein paar Reflexionsfragen:

→ Reflexionsfragen

→ *Welche Sinne nutze ich aktiv?*

→ *Woran merke ich, dass ich auf dem richtigen Weg bin?*

→ *Was sind meine eigenen Bedürfnisse?*

→ *Wie kann ich mich selbst wiederfinden?*

→ *Wie könnte ich mehr für mich selbst da sein?*

→ *Wie finde ich mehr innere Ruhe?*

→ *Wie kann ich mich selbst annehmen?*

→ *Was hilft mir, die Situation so zu akzeptieren, wie sie ist?*

→ *Wie kann ich auf Jetzt-Zeit umschalten?*

→ *Wann reagiere ich bei welchem Ereignis mit welchen körperlichen Symptomen?*

→ *Was fühle ich genau jetzt?*

Akzeptanz

Es ist, wie es ist. Akzeptieren Sie die Situation, wie sie ist. So und nicht anders. Sie können das, was passiert ist, nicht mehr ändern. Also dürfen bzw. müssen Sie die Umstände annehmen. Ohne Wenn und Aber. Nur dann, wenn wir bereit sind zu akzeptieren, dass wir jetzt auf dem Holzweg waren, kann sich ein neuer Weg eröffnen.

Es geht darum, die Ent-Täuschung und Selbst-Täuschung durch das Verleugnen zu erkennen und die Ist-Situation im Hier und Jetzt zu akzeptieren. In dieser Phase streiten viele Menschen ab, dass die Situation etwas mit ihnen zu tun haben könnte, weil sie glauben, dass die Umstände verantwortlich sind für das, was passiert ist. Manche wollen die Gegenwart und das, was geschehen ist, einfach nicht wahrhaben oder lehnen sie ab. Schmerzen werden nicht angenommen, sondern bekämpft. Sie sollen weg sein, aber sie sind da. Wir denken, dass die Dinge, die wir als Scheitersituation bewerten, nicht sinnvoll sind. Aber nichts geschieht in dieser Welt ohne Sinn. Die Lehraufgabe ist es, die Informationen zu verstehen, die uns als Handlungsimpuls gesandt wurden, mit der Intention, eine Handlung in eine andere Richtung zu erwirken.

Das Interessante ist, dass das Leid nur existiert, weil wir nicht akzeptieren, was ist und wie es ist. Es bringt nichts, gegen die Dinge zu kämpfen, sondern es ist besser, mit ihnen zu tanzen. Durch ein klares Ja zu dem, was ist, wird der Möglichkeitsraum für Neues eröffnet. Das Leben ist nicht nur bunt. Die Schattenseiten sind dunkel. Es geht nicht darum, die Schattenseiten wegzudrücken, sondern darum, sie zu akzeptieren und sinnvoll in das Leben zu integrieren. Wenn wir das Leben als Ganzes sehen, so wie es wirklich ist, dann können wir in Zukunft aus dem Vollen schöpfen. Es ist wie mit dem Essen – mal schmeckt es wunderbar, mal schlecht. Durch das Integrieren des Schlechten im Leben wird das Gefühl dazu leichter. Und das Gute und Wunderbare fühlt sich noch besser an.

Zwischen Wertschöpfung und Wertschröpfung

Der Sinn des Lebens ist sicher nicht, von neun bis 20 Uhr angestrengt zu schuften und brav die Aufgaben abzuarbeiten, die der Terminkalender vorgibt. Das führt direkt in die Wertschröpfung. Lebendig und kreativ ist, wer seine Gedanken spielerisch einsetzt und zur richtigen Zeit das Richtige tut. Diese Art der Wertschöpfung gelingt uns nicht immer – aber wie wäre es, wenn sie immer öfter gelänge?

Interessanterweise geht alles im Leben leichter, wenn wir spielerisch mit den Dingen – und uns – umgehen. Und es macht auch noch Spaß! Anstatt krampfhaft zu rödeln und angestrengt zu kämpfen, sollten wir wieder lernen, einfach nur mitzuspielen im Leben. Häufig wird eine Abwärtsspirale durch Tabuisierung eingeleitet, die durch Scham und Verunsicherung, Schweigen, Sichzusammenreißen, Ignorieren, Isolation und subjektives Leiden an der Symptomatik charakterisiert ist.

Zudem kommt es häufig zu einer Schonhaltung am Arbeitsplatz, die durch folgende Dimensionen gekennzeichnet sein kann:
- → Schonung durch Vermeidung von Anforderungen
- → fehlende Erfolgserlebnisse, geringes Selbstvertrauen
- → Verlust der Selbstachtung, Verstärkung der Symptomatik
- → Selbstverunsicherung durch die bestehenden Symptome

Mögliche Anzeichen für eine psychische Auffälligkeit können Veränderungen im Wesen, im Arbeits- und Sozialverhalten sein, die über einen längeren Zeitraum auftreten. Dauer und Schweregrad der Symptomatik entscheiden darüber, ob und welche professionelle Hilfe benötigt wird. Woran lassen sich Veränderungen im Verhalten der Betroffenen erkennen?

→ Mangel an Energie, Klagen über Müdigkeit
→ Schlafstörungen
→ Schnelle Erschöpfbarkeit, erkennbare Langsamkeit
→ Nachlassende Initiative
→ Versagensängste, Selbstzweifel, Angstsymptome
→ Abnahme der Konzentrations- und Merkfähigkeit
→ Zunehmendes Auftreten von Fehlern
→ Innere Unruhe, Gereiztheit
→ Jammern
→ Rückzug von Kollegen
→ Hinweise auf Alkohol-, Medikamenten- und Drogenmissbrauch

Wer betroffen ist, sollte sich Zeit und Raum geben. Durch den Abstand gelingt eine bessere und klarere Bewertung der Situation. Insbesondere persönliche Veränderungen dürfen nicht durch Ungeduld und Erfolgsdruck torpediert werden.

Folgende personale Ressourcen sind wichtig:
→ Die Erfahrung von Selbstwirksamkeit und Selbstvertrauen
→ Die Fähigkeit, Probleme zu lösen
→ Innere Unabhängigkeit
→ Eine optimistische und positive Lebenseinstellung
→ Eigene Bewältigungs- und Problemlösungsstrategien
→ Persönliche Eigenschaften, die es erleichtern, die Unterstützung anderer anzunehmen

Je nach Ausprägung des Burnouts bedarf es professioneller Hilfe. Gerade wenn gesundheitlich bedenkliche Dimensionen, wie z.B. depressive Verstimmungen oder suizidale Tendenzen, hinzukommen, können Psychotherapeuten, Psychologen, Ärzte oder komplementär ausgerichtete Therapeuten hilfreich sein. Erkundigen Sie sich nach seriösen und erfahrenen Personen und Institutionen auf diesem Gebiet.

Um wieder in die eigene Kraft zu kommen, ist es wichtig, die Dinge zu tun, die Spaß bereiten. Zudem ist es empfehlenswert, die Unterstützung von Freunden und Verwandten zu suchen und anzunehmen.

→ **Aufspürfragen und Denkanstöße zur Selbstreflexion**

→ *Wodurch können Sie Ihre Wert-SCHÖPFUNG heute steigern?*

→ *Wie viel Spiel(t)raum gönnen Sie sich? Oder ist alles schon verplant?*

→ *Was tun Sie, damit Ihre Träume wahr werden?*

→ *Wo können Sie mit einem weiten Wahrnehmungsfeld spielerisch Größeres gestalten, anstatt konzentriert die Details zu analysieren?*

→ *Wann, wo und wie sind Sie am kreativsten?*

→ *Was spielen Sie am allerliebsten?*

→ **Erlaubnisgeber zur Burnout-Prophylaxe**

! *Ich darf meine Träume leben.*

! *Ich erlaube mir viel mehr Kreativität.*

! *Weil ich es mir wert bin, nehme ich mir den Abstand.*

4.3 Ent-Spannen – Wahrnehmung schärfen

„Unsere Zeit wird uns teils geraubt, teils abgeluchst, und was übrig bleibt, verliert sich unbemerkt." (Lucius Annaeus Seneca)

In dieser Phase geht es darum, die Wahrnehmung für den eigenen Körper zu schärfen. Es gibt 40.000 Krankheiten – aber nur eine Gesundheit! Grund genug, dem Körper ausreichend Beachtung zu schenken.

Bestimmte körperliche Symptome sind Warnsignale und Alarmrufe der Seele. Physiologische Messgeräte geben Hinweise auf den Alarmzustand des Körpers. Es geht darum, die SOS-Signale des Körpers wahrzunehmen und zu verstehen. Welche Warnsignale waren bereits vor dem Burnout sichtbar? Die emotionalen Stopp-Zeichen, Geschwindigkeitsbeschränkungen und seelischen Vorfahrt-achten-Schilder wurden einfach nicht beachtet. Doch nun werden die Punkte auf dem Seelenkonto zusammengezählt: Hinterher ist man natürlich immer schlauer. Aber es wäre besser, die Dinge dann wahrzunehmen, wenn sie geschehen – und sie nicht zu übergehen oder zu unterdrücken.

Ziel ist, für sich zu erkennen, wie es um die eigene Energie steht, wann und wodurch die Verausgabung beginnt und welche Symptome der Körper zeigt. Die folgenden Inhalte, Fragen und Impulse sind „Bewusstseinsanspitzer", um das eigene Energieverhalten besser zu verstehen und zu einem Weg der Gesundheitsförderung zu gelangen. Wir wissen, dass jeder Weg mit dem ersten Schritt anfängt. Um diesen machen zu können, gilt es, die Wahrnehmung zu schärfen.

Vorfahrt achten für die Seele

Starke Symptome, wie z.B. Schmerzen, sind SOS-Signale. In der traditionellen chinesischen Medizin geht es darum, die energetische Blockierung wieder ins Fließen zu bringen. Der Schmerz ist das körperlich wahrnehmbare äußere Zeichen eines tiefen psychischen inneren Zustands. Die Seele kann sich nur über unseren Körper ausdrücken.

Die SOS-Signale sind wie das Rasseln eines Weckers, sie sind ein Lebens-Wachmacher und Anspitzer zur Bewusstseinsschärfung, der uns vermittelt, dass etwas nicht in Ordnung – energetisch aus der Balance – ist. Insofern liegt in jeder SOS-Botschaft auch eine kreative Chance für eine Veränderung.

SOS heißt „save our souls". Wir müssen diese Signale ernst nehmen und unseren Körper gut behandeln, damit sich unsere Seele darin wohlfühlen kann.

Wenn wir unseren eigenen Biorhythmus stärker berücksichtigen und seelisch-körperlich-geistige Tankstellen kennen, bei denen wir unsere Energie wieder aufladen können, gelingt es uns auch besser, mit Belastungen umzugehen. Die Wahrnehmung ist bereits der erste Schritt in Richtung eines Wachstumspfads und persönlicher Weiterentwicklung.

Den „Körperscanner" einschalten

Jeder kennt Situationen, die immer wiederkehrend Symptome auslösen, z.B. Kopfschmerzen, Magendrücken oder -ziehen. Diese feinen Signale gilt es zu verstehen. Die Seele hat nur über den Körper und die Psyche die Möglichkeit, sich Ausdruck und Gehör zu verschaffen. Veränderungen setzen bereits ein, wenn Sie sich bewusst machen, wann Sie auf welches Ereignis wie reagieren.

Tipps zum Körperscanner

→ Lauschen Sie Ihrem Körper aufmerksam, bevor er anfängt zu schreien.

→ Schärfen Sie Ihre Aufmerksamkeit durch Ihren „Körperscanner", indem Sie sich Ihrer selbst körperlich bewusst werden. Üben Sie es, Ihre körperlichen Symptome bei Belastungen sofort zu spüren.

→ Nehmen Sie Nackenverspannungen, Kopfschmerzen und Magengrummeln als eine willkommene Information Ihres Unterbewusstseins, um sofort eine adäquate Änderung herbeizuführen.

→ Wichtig ist, dass Sie sich nicht nur auf Ihre Arbeit konzentrieren, sondern gleichzeitig wahrnehmen, was gerade jetzt passiert. So ermöglichen Sie sich ein Leben in Echt- und JETZT-Zeit.

→ Wahrnehmungsübung

Diese Übung regt eine Bestandsaufnahme im persönlichen Alltag an. Es kann gewünscht sein, solche Protokolle in ein Seminar oder einen Workshop einzubeziehen. Dann ist es sinnvoll, die Teilnehmer/innen rechtzeitig vorab um die Durchführung der Bestandsaufnahme zu bitten und das Protokoll dann mitzubringen.

Legen Sie auf einem leeren DIN-A4-Blatt (quer) ein Protokoll nach dem folgenden Muster an. Dieses Protokoll hilft Ihnen dabei, Ihre tägliche Arbeits- und Lebenssituation besser zu verstehen und genau zu analysieren, wie und wann sich körperliche Zeichen gezeigt haben. Schreiben Sie ebenfalls auf, was Sie getan haben, wenn Sie ein körperliches Zeichen bemerkt haben. Sinnvollerweise sollten Sie dieses Protokoll eine Woche lang führen.

	1. Tag	2. Tag	usw.
Welche SOS-Signale habe ich in den letzten vier Wochen an mir wahrgenommen?			
Wann genau?			
Was habe ich in dem Moment gerade gemacht?			
Was hat mir ganz konkret geholfen?			

Nehmen Sie Erschöpfungszustände, permanente Müdigkeit und Schlafstörungen ernst, sie sind Energievampire und Stressoren par excellence. Wir brauchen den Schlaf als eine Erholung nach Plan, um unsere Batterie wieder aufladen zu können. Bei Schlafmangel kommt es zu negativen Auswirkungen auf die Regenerationsfähigkeit, den Energiehaushalt, die Stresstoleranz und zu Fehleranfälligkeit. Zudem steigt die Unfallgefahr.

Die Gefühlswelt als Ausdruck der Seele hat ein Anrecht darauf, beachtet und gelebt zu werden. Insbesondere bei Menschen, die sich im Burnout befinden, ist eine Revision des Lebensrhythmus notwendig. Wenn dies nicht beherzigt wird, schreitet das Leid in die Tiefen – bis hin zur Ausprägung von chronischen Erkrankungen.

Die Wahrnehmung des Leids, die Nutzung des Verstands zur Lokalisation und Zuordnung des Leids sowie die Einsichtsfähigkeit, eine verändernde Notwendigkeit zu bilden, sind die Voraussetzungen für die eigene Gesundung und den gesunden Umgang mit Belastungen, eigenen Erwartungen und Ansprüchen.

Impulskontrolle

Spielende Kinder, die den ganzen Tag das machen, was ihnen Spaß macht, sind abends selten angestrengt müde. Berufstätigen geht es vielfach anders. Sie sind abends genervt und müde von all den Dingen, die ihnen keinen Spaß gemacht haben. Anstrengung und Müdigkeit resultieren häufig daraus, dass wir etwas tun, das uns nicht liegt oder keine Freude bereitet. Wir rennen gegen uns selbst an, und das kostet einfach Kraft.

Wenn wir uns nicht anstrengen müssen und „im Flow" sind, gehen uns die Dinge leicht von der Hand. Anstrengend ist es, etwas zu tun, was wir nicht gern mögen. Wissenschaftler nennen dies Impulskontrolle. Durch die Müdigkeit brechen am Abend die emotionalen Mauern. Es gibt nicht wenige Menschen, die dann Süßigkeiten als Ersatz für die Befriedigung, die sie den ganzen Tag nicht hatten, verschlingen.

Manche stehen sich erfolgreich selbst im Weg. Es geht nicht darum, sich zu verändern, sondern einfach nur darum, so zu sein, wie wir sind. Die innere Anspannung kostet so viel Energie, dass wir keine Kraft mehr haben, einfach mitzugehen mit dem Leben – so, wie es jetzt gerade ist.

Wege zur Entspannung und Zugang zur Innenwelt

Viele Menschen sind einfach viel zu angespannt. Aufgrund des vielen Wollens und der extrem hohen Erwartungen fällt es ihnen schwer, entspannt und anders auf die Dinge zu schauen. Es fehlen Abstandsfähigkeit und Selbstachtsamkeit. Gerade verkopfte Menschen in „Kopfarbeitberufen" sind es nicht mehr gewohnt, still zu sein und innezuhalten und dabei zu überlegen, was sie anders machen könnten. Stattdessen erhöhen sie den Druck immer weiter, verstärken ihre Bemühungen und zwingen sich, in die gewohnte Richtung weiterzugehen, auch wenn sie auf dem Holzweg sind. Wenn der Druck steigt, steigen auch oft die Widerstände, deshalb ist es so wichtig, innezuhalten.

Mit geeigneten Entspannungsverfahren ist es möglich, die routinierten Gedankenspiralen und Endlosschleifen des Denkens zu unterbrechen, um erst einmal wieder still zu werden und Abstand zu bekommen.

Die Selbstachtsamkeit soll durch eine Schärfung der Wahrnehmungsfähigkeit verbessert werden, um einen Weg zu finden, mit den Belastungen umzugehen, sodass wir weniger unter ihnen leiden. Entspannungsverfahren und Meditation helfen dabei, den neuen Weg mit Leichtigkeit, Achtsamkeit und Gelassenheit ganz präsent zu gehen.

Die Entspannung ist kein Selbstzweck. Sie öffnet den Weg zu einem Verhalten, Zeit für sich selbst zu haben, sich selbst präsent zu sein und die Dinge, die einem Spaß machen und wichtig sind, zu pflegen. So gelingt es, in der Jetzt-Zeit zu leben und entspannen zu können.

Damit sich solche neuen Verhaltensweisen auch festigen können, bieten sich z.B. die folgenden – beliebig kombinierbaren – Verfahren an, um zu mehr Gelassenheit und Entspannung zu gelangen:

- → Muskelentspannung und progressive Muskelrelaxation nach Jacobson
- → Autogenes Training
- → Imaginations- und Visualisierungstechniken
- → Yoga
- → Qigong
- → Meditation

Über die Entspannungsverfahren

Die Muskelentspannung bezweckt primär eine Lockerung der Muskulatur und setzt auf der motorischen Ebene der Stressbewältigung an. Ein Beispiel ist die progressive Muskelrelaxation nach Jacobson. Dies ist ein sehr effizientes Entspannungsverfahren, bei dem 16 ausgewählte Muskelgruppen nacheinander angespannt und wieder entspannt werden. Dadurch lernen Sie, einen für Sie angenehmen Ruhezustand zu erreichen. Diese Gelassenheit gibt wieder Energie für Neues. Der Vorteil ist, dass die Übungen auch in Räumen ohne große Bewegungsmöglichkeiten ausgeführt werden können, z.B. im Auto, Flugzeug oder während einer Bahnfahrt.

Das autogene Training nach J. H. Schultz stützt sich auf psychologische und physiologische Fakten. Es setzt am vegetativen Nervensystem an und ist als Technik relativ leicht zu lernen. Wichtig ist, dass sie regelmäßig geübt wird. Hierzu gibt es eine Fülle an Literatur. Schauen Sie einfach mal in eines der Bücher, um sich ein Bild zu machen, ob das für Sie interessant sein könnte.

Ziele von Qigong sind die Erleichterung des Energieflusses, die Psychoregulation und die Herstellung einer harmonischen Balance zwischen An- und Entspannung. Hierbei werden Energieblockaden und -stauungen beseitigt. Bei konsequentem Üben lassen sich auch Heilerfolge bei chronischen Erkrankungen, wie z.B. Asthma bronchiale, Bluthochdruck, oder bei vegetativen Beschwerden erzielen.

Die gelenkte Imagination ist ein spezifisches Entspannungsverfahren. Auf Basis von Fantasiereisen und Vorstellungsübungen können ein tiefer Entspannungszustand und eine bessere Selbstwahrnehmung induziert werden. Themen der Imaginationsübungen können beispielsweise Erfolg, Lebensfreude, innere Gesundheit und persönliche Zielsetzungen sein.

Yoga ist mittlerweile mehr als nur ein Trend. Die tausende Jahre alte Meditations- und Entspannungstechnik hilft bei Gedankenwirrwarr im Kopf und ermöglicht es, viel mehr auf den Bauch zu hören. Yoga ist in Indien zwischen 200 v. Chr. und 200 n. Chr. entstanden. In 195 kurzen Lehrsätzen – so die philosophische Grundlage aller Yoga-Schulen – soll der Weg zur inneren Befreiung und tiefer Erkenntnis gewiesen werden. Ziel ist es, sich ohne Ablenkung auf einen Inhalt zu fokussieren. Die Asanas, die Übungen und Haltungen, bestehen aus drei Teilen: achtsames Hineinkommen, bewusstes Halten und kontrolliertes Herauskommen. Das tiefe Hineinatmen in den Bauch gibt den Rhythmus der Übungen an.

Meditation erfreut sich zunehmender Beliebtheit. Die drei wohl in der westlichen Welt bekanntesten Formen kommen aus Indien (Yoga), der islamischen Welt (Sufismus) und aus dem fernen Osten (Zen). Viele dieser Techniken sind in eine Weltanschauung oder religiöse Welt (Hinduismus, Islam, Buddhismus) eingebettet. Uns geht es hier jedoch nicht um die gesellschaftlichen oder religiösen Aspekte, sondern um eine Darstellung der konzentrativen Meditationstechniken und ihre Auswirkungen auf die Entspannung des Körpers und des Geistes.

→ Seminarübungen zum Sofort-Ausprobieren

Blitzentspannungsübung mit der Lippenbremse

Die Übung mit der Lippenbremse funktioniert schnell und effektiv. Begeben Sie sich in eine aufrechte Haltung auf einem Stuhl oder im Stehen. Atmen Sie tief durch die Nase ein, sodass der Brustkorb sich weitet und sich der Bauch nach vorn wölbt. Halten Sie kurz den Atem an. Atmen Sie nun durch die Lippen kontrolliert und langsam aus. Dabei können Sie spüren, wie die Luft an den Lippen vorbeizieht. Sie können das auch mit einem Ton verbinden, indem Sie beim Ausatmen ein „Düüüüüüüüüüüüüüüüüüüüüüüüd" summen.

Entspannungsübung

Sorgen Sie für frische Luft (Fenster öffnen) und atmen Sie dreimal tief ein und aus. Atmen Sie ganz normal. Lockern Sie Ihre Schultermuskeln und schütteln Sie die Arme in nach vorn gebückter Haltung aus. Stellen Sie sich auf die Zehenspitzen und wippen Sie zehnmal auf und nieder. Stellen Sie sich auf das linke Bein und winkeln Sie das rechte Bein nach vorn an. Atmen Sie weiter normal und zählen Sie bis zehn. Danach wechseln Sie das Bein. Wechseln Sie jetzt bei bestimmten Muskelgruppen zwischen An- und Entspannung. Beginnen Sie mit den Fingern, indem Sie diese zur Faust schließen. Spannen Sie diese fest an, zählen Sie bis zehn und lassen Sie wieder los. Machen Sie dies nun mit den Unter- und dann mit den Oberarmen. Anschließend können Sie mit den Beinen weitermachen. Stellen Sie die Beine zum Beispiel schulterbreit auseinander und gehen Sie mit dem Po in die Hocke, sodass Sie in der Reiterstellung stehen. Heben Sie die Arme nach vorn. Nun atmen Sie wieder ganz entspannt und zählen dabei bis zehn.

Zuhause fortsetzen:

Jeden Tag können Sie andere Muskelgruppen mit dazunehmen. Die Variation macht Spaß. Probieren Sie es aus!

Und weiter für zuhause: Die Sofa-nix-tun-Übung

Setzen Sie sich auf Ihr Sofa und machen Sie eine halbe Stunde nichts. Mit nichts meine ich wirklich nichts. Nicht aufstehen, um aufzuräumen oder Freunde anzurufen. Einfach gar nichts machen. Wie lange können Sie dies aushalten? Bitte beobachten Sie dabei Ihre Reaktion. Diskutieren Sie dies mit Ihrem Seminarpartner.

Meditation: Mit wachem Kopf und weitem Herz in Balance sein

Gesundheit, Wohlbefinden und Lebensqualität sind allen Menschen wichtig. Die Balance von Körper, Seele und Geist ist Voraussetzung für eine gesunde Bewältigung der Alltagsanforderungen. Das verloren gegangene Gleichgewicht wiederherzustellen, ist eine der größten Herausforderungen an uns alle in der von Effizienz getriebenen Globalisierungsgesellschaft.

Bei sich zu sein anstatt außer sich, ist ein Ziel der Meditation. Meditation ist ein wesentlicher Lebensbaustein, um mühelos den eigenen Erfolg zu beflügeln und den „seelischen Muskel" zu trainieren. Das Nach-innen-Lauschen schärft unsere Wahrnehmung und den Spür-Sinn.

Unser Bewusstsein ist die Basis des Seins. Die Meditation ermöglicht uns einen Zugang zum wirklichen Sein. Sie ist Leichtigkeit in Hochpotenz, die es ermöglicht, den eigenen Weg zum Erfolg mit absichtsloser Achtsamkeit und Gelassenheit ganz präsent und authentisch in der Jetzt-Zeit gehen können. Meditation unterstützt uns durch Beobachtung, gelassener mit dem Alltag und uns selbst zu werden. Die Meditation ist die leichteste Art, nichts zu tun. Die Meditation hat ihren Ansatzhebel in der kognitiven Dimension. Wissenschaftler wie die Harvard-Forscherin Sara Lazar haben nachweisen können, dass es im Hirn zu einer Zunahme der Verbindungen zwischen den Nervenzellen kommt. Strukturveränderungen wurden im so genannten Insellappen, der zum Großhirn gehört, nachgewiesen. Dieser ist für das Erkennen innerer Empfindungen wichtig. Zudem war eine Region im frontalen Kortex nachweisbar, die wichtig ist für die Wachheit und Aufmerksamkeit des Gedächtnisses.

Meditation entspannt den gesamten Körper und führt zur Beruhigung des vegetativen Nervensystems und zu seelischen Aufhellungen. Es handelt sich um einen psychodynamisch orientierten ganzheitlichen Weg, der zu mehr Gelassenheit führen kann. Meditation löst keine Probleme, indem sie unsere Gefühle oder Gedanken verändert. Es ist aber sehr wohl möglich, die routinierten Gedankenspiralen und Endlosschlaufen des Denkens zu unterbrechen, um erst einmal wieder still zu werden und innezuhalten. Aus dieser Stille können sich dann neue Sichtweisen, Möglichkeiten und Blickwinkel eröffnen, die neue Lösungen für alte Probleme schaffen.

Um in einen Zustand der Meditation zu gelangen, braucht es Übung, Zeit, Stille und einen geeigneten Raum. Still zu sein und innezuhalten ist für viele sehr ungewohnt, macht nervös und unruhig – sind wir es doch gewohnt, ständig von einem Informationsrausch durch Handy, Telefon, Fernsehen, E-Mails, Radio, Zeitungen etc. umgeben zu sein. Das In-sich-hinein-Lauschen ist jedoch genauso wichtig wie die Kommunikation, die wir so selbstverständlich in unserer Außenwelt betreiben.

Die Absichtslosigkeit und das wirkliche Loslassen ermöglichen eine tiefe Befreiung des eigenen Seins. Ein Ergebnis könnte sein, in die eigene Kraft zu kommen, ohne sich anzustrengen. Meditation ermöglicht es, unser digitales Entweder-oder-Denken durch ein mehrdimensional offenes Leben nach dem Sowohl-als-auch-Prinzip zu erweitern.

Meditation für Burnout-Gefährdete

Häufig erlebe ich im Coaching Menschen, die angestrengt daran arbeiten wollen, sich zu verändern, weil sie meinen, nicht den Anforderungen zu genügen. Doch es geht eben nicht um eine verkrampfte Anstrengung, sich zu verändern, sondern darum, einfach so zu sein, wie es den eigenen Potenzialen, Talenten und Begabungen entspricht. Dabei hilft die Meditation.

Ein Aspekt des Burnouts ist der Wunsch, das Leben oder die Umstände ganz anders haben zu wollen, als sie es sind. Der Lebenserfolg gelingt aber nicht durch Veränderung der Umstände, sondern durch das Andocken an den eigenen Kern. Je näher wir uns sind, desto leichter gelingt ein authentisches Leben auf Basis eigener Potenziale und Werte. Je authentischer wir uns verhalten, desto leichter gelingen die Dinge – die Arbeit, die Beziehungsfähigkeit, die Erziehung der Kinder und das eigene Leben.

Je stärker wir uns hingegen anstrengen, nicht so zu sein, wie wir sind, desto höher ist die Gefahr, dass wir in eine Burnout-Situation schlittern. Ziel kann also nicht sein, den Erfolg zu erheischen, indem wir uns überspringen und uns selbst fremdgehen – durch Unterdrückung eigener Bedürfnisse –, sondern Ziel muss sein, uns selbst wahrzunehmen, wie wir sind und uns selbst treu zu sein. Gegen die (fremdbestimmte) Beschleunigung lässt sich das in das Motto übersetzen: Langsamer gehen, um schneller (bei sich selbst) anzukommen.

BEFOLGEN SIE NICHT DIE REGELN ANDERER, SONDERN LEBEN UND ARBEITEN SIE IM EINKLANG MIT SICH SELBST NACH EIGENEN WERTMASSSTÄBEN. JE STÄRKER SIE IN DIE SPÜRERFAHRUNG GEHEN, SICH SELBST ACHTSAM UND NICHT WERTEND BEGLEITEN, DESTO LEICHTER GELINGEN DIE DINGE UND DAS EIGENE LEBEN.

Das Leben wird sich einfacher und friedvoller gestalten, wenn Sie daran arbeiten, den Einfluss folgender Tendenzen zu verringern:
- → Sich selbst durch die Augen anderer zu betrachten
- → Immer nett zu anderen sein zu wollen, stets für andere da zu sein
- → Zwanghafte Neigung zu Fairness und Gerechtigkeit
- → Neigung zu äußerer Harmonie
- → Fehler zu vermeiden
- → „Wie du mir, so ich dir"-Mentalität

In dem Moment, in dem Sie sich nicht mehr angestrengt ändern wollen, können Sie sich wirklich ändern. Zu Ihrem Vorteil. Indem Sie einfach so werden, wie Sie sind. Authentisch. Wenn wir an unserem Kern dranbleiben, können wir unsere Kompetenzen zur Blüte bringen. Das ist Kernkompetenz.

Achtsames Wahrnehmen

Achtsamkeit und Wahrnehmungsfähigkeit spielen eine besondere Rolle. Wir haben gelernt, uns zu konzentrieren und zu funktionieren, haben aber verlernt, in unseren Körper zu spüren und Reize spürbar zu erleben. Durch die hohe Geschwindigkeit und die Komplexität blenden wir Reize im Außen einfach aus und nehmen sie nicht mehr wahr.

Ziel ist es nicht, sich besser zu konzentrieren, sondern mit wachem, freiem Kopf und einer guten Verbindung zum eigenen Herzen ein weites Wahrnehmungsfeld zu halten. Das ist etwas ganz anderes, als sich angestrengt zu konzentrieren. Es geht nicht um die Bewertung von Ereignissen, sondern einfach um das Wahrnehmen dessen, was wirklich ist. Interessanterweise sind Menschen, die im Spagat zwischen den eigenen Bedürfnissen und fremden Erwartungen bei hohen Belastungen in ein Burnout gerutscht sind, nicht fähig, Abstand zu den Dingen und zu sich selbst zu bekommen. Ständig unter Druck und Anspannung, reagieren sie nur noch wie ein angeschossenes Tier. Folgende Dinge sind wichtig, um das Wahrnehmungsfeld zu erweitern:

Geschwindigkeit herausnehmen

Je schneller wir agieren, desto kleiner wird unser Wahrnehmungsfeld. Das Autofahren liefert ein veranschaulichendes Beispiel. Bei 80 km/h auf der rechten Spur lässt sich die Umgebung bequem wahrnehmen. Zieht man dann links raus, um einen Lkw zu überholen und beschleunigt dazu auf 140 km/h, verändert sich der Blickwinkel entscheidend: er verengt sich erheblich. Um besser und weiter wahrnehmen zu können, müssen wir das Tempo verlangsamen. Wie schon im vorherigen Abschnitt gesagt: langsamer gehen lässt schneller ankommen – zumindest bei sich selbst.

Sich Zeit nehmen

Die wichtigste Dimension zwischen einem Reiz und der Reaktion ist die Zeit. Wenn sie genutzt wird, können wir innerlich Abstand gewinnen und anders auf die Dinge sehen. Zeit ist nur ein Synonym für Präferenz. Die Präferenz ist ein Merkmal besonderer Ausprägung. Sie haben die Wahl. Wenn Sie sich für das Bearbeiten von E-Mails entscheiden, weil noch 50 E-Mails in der Inbox sind, aber eigentlich mit Ihrer Frau verabredet sind, so haben Sie sich für die E-Mails und gegen Ihre Beziehung entschieden. Alles, was wir tun, hat einen Preis. Wir müssen ihn nur kennen. Wenn wir ihn nicht mehr sehen, kann es sein, dass die Beziehung plötzlich nicht mehr da ist, aber die E-Mails dennoch nicht abgearbeitet sind.

(Sich) spüren, ohne zu werten

Zum Wahrnehmen brauche ich keine Gedanken. Stellen Sie sich vor, Sie schauen von einer Autobahnbrücke auf die unten hindurchfahrenden Autos. Ihre Gedanken sind die Autos. Sie dürfen kommen und gehen, aber Sie brauchen nicht (inhaltlich) einzusteigen. Primär bedeutet es, in der körperlichen Wahrnehmung zu bleiben und negative Gedanken einer Körpererfahrung zuzuordnen. Beispielsweise können Sie nach einer Anleitung zur Selbstbeobachtung genau beschreiben, wo Sie im Körper die Wut spüren, wenn Sie an eine bestimmte Situation denken. Die Körperwahrnehmung hilft enorm dabei, Energiekiller aufzuspüren.

Lebenskunst oder Lebensfrust beginnt mit der Wahrnehmung. Und die Entscheidung liegt bei uns, Dinge positiv oder negativ zu bewerten. Dazwischen liegt der ganze Unterschied.

Neue Wege im Umgang mit sich selbst beginnen mit dem absichtslosen Wahrnehmen. Wenn wir uns selbst liebevoll beobachten, ohne etwas von uns zu wollen, sind wir nicht mehr so verstrickt mit der Situation und können mit mehr Abstand anders auf das Ereignis sehen. Die neue Perspektive erlaubt es, das Ganze zu sehen anstatt nur die Puzzleteile.

Je geringer der Abstand zu den Dingen und zu uns selbst ist, desto eher werden wir zu Spielbällen unserer Gefühle. Durch eine freundliche Distanz gegenüber der Situation, den anderen und zu sich selbst gelingt es, ein aufmerksamer Beobachter seiner selbst zu sein, ohne zu werten. Das bringt uns aus der Verstrickung heraus. Loszulassen und sich selbst Beobachter zu sein, ist dabei die höchste Form des Sich-nicht-Einmischens – egal, was gerade passiert. Diese Art der Wahrnehmung nimmt den Druck aus einer Situation heraus. Sie können das hervorragend üben, indem Sie Ihre Achtsamkeit und Wahrnehmungsfähigkeit schulen.

→ **Aufspürfragen und Denkanstöße zur Selbstreflexion**

→ *Wie schaffe ich es, mit meiner Aufmerksamkeit im Körper zu bleiben und Dinge im Außen nur zu beobachten?*

→ *Wie schaffe ich es, meinen Körperscanner eingeschaltet zu lassen?*

→ *An welcher seelischen Tankstelle kann ich wieder Energie auftanken?*

→ *Wie kann ich mich entspannen?*

→ *Welche Entspannungsverfahren entsprechen mir?*

→ *Wann bin ich ganz präsent?*

→ *Wann bin ich authentisch?*

→ *Wie gelingt es mir, authentisch in Kontakt mit anderen zu treten?*

→ **Erlaubnisgeber zur Burnout-Prophylaxe**

! *Ich muss gar nichts tun, außer zu atmen, essen, trinken und schlafen – alles andere darf ich wählen oder auch abwählen.*

! *Ich erlaube mir, einfach nicht mehr bewerten zu müssen.*

! *Es darf mir egal sein, was andere von mir denken.*

! *Ich achte darauf, dass ich die Dinge so mache, wie es mir entspricht.*

! *Ich lasse mein schlechtes Gewissen los.*

! *Ich erlaube mir, mir Zeit zu nehmen; Hektik bringt nichts.*

4.4 Ent-Decken – Von der Orientierung zur Zielsetzung

„Der Mensch ist gefordert, sich selbst zu dem zu machen, was er werden soll, um sein Schicksal zu erfüllen." Paul Tillich

In dieser Phase geht es um das Bewusstwerden, dass eine Änderung in Richtung einer persönlichen Weiterentwicklung ansteht. Die Orientierung spielt eine wichtige Rolle nach einer Burnout-Situation. Sie setzt voraus, dass uns ein 360°-Rundblick möglich ist. Das geht nur, wenn wir an- und innehalten, anstatt immer weiter die Geschwindigkeit zu erhöhen.

Unsere Lebenswirklichkeit entsteht in unserem Kopf, gesteuert durch unser Gehirn, denn wir erzeugen Wirklichkeit mit unserer Vorstellungskraft. Dabei ist die Wahrnehmung der Wirklichkeit letztlich eine Frage des Blickwinkels. Höchste Zeit, die Perspektive zu wechseln und neue Möglichkeiten zu entdecken! Durch eine Änderung des Blickwinkels lassen sich neue Möglichkeiten entdecken. Für eine größere Perspektive und eine bessere Reflexionsfähigkeit bedarf es eines weiten Wahrnehmungsfeldes anstatt einer zu engen Konzentration auf Details.

WICHTIG: ES WERDEN NICHT ANDERE ZIELE GEBRAUCHT, SONDERN EINE GANZ ANDERE HALTUNG UND EINSTELLUNG, UM NEUE ZIELE AUCH ERREICHEN ZU KÖNNEN. SOZUSAGEN MUSS DAS KOORDINATENSYSTEM IM KOPF GEÄNDERT WERDEN, DENN DAS ALTE SYSTEM FÜHRT IMMER WIEDER ZUM ALTEN ZIEL.

➜ Seminarübung

Buchstabieren Sie das Wort Burnout einmal ganz anders. In einem Seminar lässt sich dies hervorragend mit den anderen Teilnehmern durchführen.

Überlegen Sie sich dabei für jeden Buchstaben des Wortes Burnout ein Verb oder eine Aktion. Die einzelnen Wörter müssen dabei nicht bierernst mit der Bedeutung des Wortes Burnout korrelieren. Aber sie öffnen die Luke in den Möglichkeitsraum, in dem das Burnout-Ereignis nicht mehr als etwas (nur) Negatives bewertet wird.

Beispiel: Bitte unterbinde rasch nichts sagende Orakel urzeitlichen Typs. (Die Abbildung auf der folgenden Seite dokumentiert als weitere Anregung Assoziationen aus einem Workshop.)

Durch den Unsinn kann ein neuer und anderer Sinn erzeugt werden. Außerdem macht das „Quatschmachen" mehr Spaß als ein trockenes Herangehen oder gar deprimiertes Herangehen.

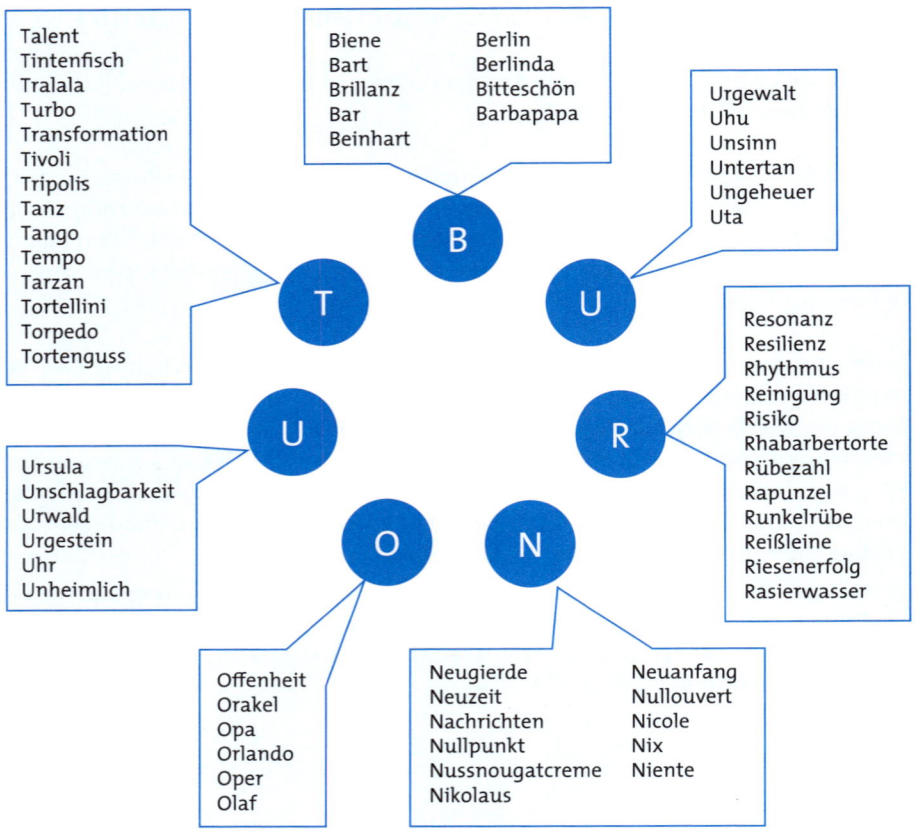

Assoziationen zum Wort „Burnout"

Wie buchstabieren Sie das Wort „Burnout"? Was fällt Ihnen Kreatives, Sinnvolles und Sinnloses zum Burnout ein? Wichtig ist, dass die Bedeutungsschwere des Wortes über den Umweg der Sinnlosigkeit in eine neue und andere Leichtigkeit transformiert werden kann.

Nach dem Sich-selbst-Erkennen geht es darum, eine neue Orientierung auf Basis des inneren roten Fadens zu finden. Wenn wir uns wieder selbst (ver-)trauen, können wir eine neue Vision unseres Lebens in Ankopplung an eigenen Sinn und eigene Werte entwerfen.

Belastungen im Job oder privat werden individuell unterschiedlich interpretiert. Das bedeutet auch, dass unsere subjektive Einstellung zur Bewertung einer im Außen empfundenen objektiven Alltagsgegebenheit eine ganz wesentliche Bedeutung für das Erleben von Erschöpfung und deren Folgen hat. Geraten alle Menschen, die viel arbeiten, in ein Burnout? Nein. Die Begründung ist einfach und doch schwer zugleich: Menschen, die das tun, was ihnen wirklich entspricht, strengen sich nicht übermäßig an. Sie haben ein gutes Selbstwertgefühl und bewerten die Arbeit nicht als Anstrengung, sondern haben Spaß daran, weil sie sie als sinnvoll erleben.

Energiekiller sind die Erwartungen an sich selbst. Genüge ich den Ansprüchen? Falls nicht, entsteht Angst und die Anstrengung wird noch verstärkt. Doch je größer die Anspannung, desto geringer die (Arbeits-)Leistung. Diese Situation ist hochkomplex, die Ansatzhebel sind genau hier zu finden:

→ Die Lösung ist die Lösung. Loslassen ist eine zentrale Dimension.
→ Vertrauen in die eigene Existenz. „Wie es ist, ist es gut."
→ Erhöhen des eigenen Selbstwerts. „Ich bin (mir selbst) wertvoll." Und dieser Selbstwert ist nicht abhängig von einem nach oben oder unten zeigenden Daumen anderer Menschen.
→ Reduzierung des Anspruchsniveaus auf ein normales und realistisches Maß. „So, wie ich es mache, ist es richtig."
→ Üben von Abgrenzungsfähigkeit.
→ Ausprobieren neuer Möglichkeiten jenseits der eingetretenen Verhaltenspfade.

Wichtig ist, durch eine geänderte Einstellung zu einer neuen Aufgabe für das Leben zu gelangen. Fragen wir uns also: Was ist das Gegenteil einer burnoutgeplagten Person? Es ist die vor Energie nur so strotzende, in sich ruhende Persönlichkeit, die mit Gelassenheit, Freude und selbstbestimmter Verantwortlichkeit auf ein Geschehen antwortet.

Anstatt auf die negative Seite des Problems zu schauen, wollen wir uns vor allem mit der positiven Seite der gleichen Medaille beschäftigen, also mit der Frage, wie wir glücklich und gelassen leben können. Dies bedeutet, dass wir nicht problemorientiert, sondern lösungsfokussiert arbeiten wollen, wenn es um das Burnout-Syndrom geht.

Trotzdem sollten Sie sich bewusst machen, dass ein beginnendes Burnout-Syndrom die persönlichen Erfolgsaussichten, Beziehungen zu Freunden und Kollegen, die Lebensenergie und letztlich die Gesundheit aufs Spiel setzt. Und das hat maßgeblich mit dem eigenen Verhalten zu tun.

Es bleibt die Aufgabe, sich daher zunächst seine Verhaltensmuster und eigenen Schwachstellen klarzumachen und dann ganz entspannt zu überlegen, was man konkret ändern will und welche Verhaltensmuster man ablegen möchte.

Orientierung schaffen und Erwartungen klären

Tief in uns steckt das Wissen darüber, wer wir sind, was uns ausmacht und worin wir erfolgreich sind. Doch aus Angst vor möglichen negativen Konsequenzen verwehren wir uns diesem Wissen allzu oft, obwohl diese Angst meist überflüssig ist. Bei einem beginnenden Burnout ist es jedoch höchste Zeit für eine Neuausrichtung und Neuorientierung im Leben. Sie dürfen Ihre Erwartungen und Ihre Rolle auf den Prüfstand stellen.

Das Phänomen des Burnouts entsteht häufig deshalb, weil der notwendige Abstand zu uns selbst, zu anderen Menschen, zu unseren Aufgaben und der Arbeit im Spannungsfeld der äußeren Rahmenbedingungen und inneren Bedürfnisse verloren geht.

Entscheidend ist, dass wir regelmäßig aus dem Hamsterrad des Routinealltags aussteigen und eine Standortbestimmung durchführen.

Wenn unterschiedliche Rollenerwartungen, To-do-Listen und Fremdbestimmungen an unseren Energiereserven nagen, fehlt uns die Möglichkeit einer Selbstbe-SINNung und Orientierung. Orientierung ermöglicht ein Andocken an uns selbst. Bei dieser Standortbestimmung lässt sich eine Revision des Lebensrhythmus vornehmen, Klarheit schaffen und lassen sich die Lebensprioritäten neu justieren. Machen Sie sich auch Gedanken über Ihre Beziehungen. Beziehungen geben uns viel, sie können uns aber auch Energie abziehen.

Wie lassen sich Bedingungen erreichen, unter denen sich (wieder mehr) Spaß und Lebensfreude einstellt?

→ **Seminarübung**

Nehmen Sie sich Zeit, um herauszufinden, wer Sie wirklich sind und was Sie als Mensch ausmacht. Kommen Sie sich in Ihrem ganz persönlichen Rhythmus und Tempo selbst auf die Spur und finden Sie Ihre Essenz im Leben. Reflektieren Sie dabei Ihre eigenen Wertvorstellungen – was bin ich mir selbst wert? Überdenken Sie Ihr bisheriges Leben und entwerfen Sie eine Vision von Ihrem eigenen Leben. Was wollen Sie in diesem Leben erreichen oder machen? Was ist Ihr Credo für Ihr Leben?

Aufspürfragen und Denkanstöße hierzu:

→ *Wie gewinne ich Klarheit?*

→ *Was ist der Sinn meines Lebens?*

→ *Was ist mein innerer Weg?*

→ *Wer bin ich?*

→ *Wie kann ich meine Stärken stärken?*

→ *Wie kann ich meinen Selbstwert erhöhen und mir selbst besser trauen?*

→ *Wie kann ich es mir selbst anstatt anderen recht machen?*

→ *Wie kann ich mir selbst wertvoll sein?*

→ *Welche Alternativen bieten sich zu den bisherigen Wegen?*

→ *Wie kann ich einfach mit dem Leben mitgehen, anstatt dagegen anzukämpfen?*

Das Unbewusste kann ein Bremsklotz für die eigene Weiterentwicklung sein, wenn wir uns nicht bewusst machen, welches Programm abläuft. Lassen Sie sich nicht in Rollen zwängen, wie etwa: „Ich bin ein Pechvogel." Dies nimmt Kraft und verhindert Entwicklung. Die Aussage „Ich bin" zementiert einen alten Zustand – ohne dass sich Veränderung einstellen darf. Besser ist zu sagen: „Ich war ein Pechvogel." Statt zu sagen, „Ich bin tief unten im Burnout", lässt sich auch sagen: „Ich bin im Lernen begriffen, was ich in Zukunft anders machen werde."

Nehmen Sie wahr, wie Sie in für Sie stressigen Situationen reagieren und achten Sie darauf, wie Sie selbst mit sich umgehen.

„Everybody's darling is everybody's fool": Wer immer nur für die anderen da ist und es allen recht machen will, ist am Ende der Trottel. Niemand kann es allen recht machen und niemand kann alles gleichzeitig machen – und womöglich noch divergierende Interessen befriedigen.

Wie hoch ist der Preis, den Sie für Ihre eigenen Erwartungen an Ihre berufliche Karriere bezahlen müssen? Stimmt das Verhältnis von Kosten und Nutzen?

Ein Beispiel: Jemand wird wegen der Reorganisation des Betriebes, in dem er gearbeitet hat, arbeitslos. Vielleicht hat dem Betreffenden die Arbeit eigentlich gar keinen Spaß gemacht. Jetzt hat er/sie Zeit, sich neu und anders zu orientieren. In dieser Situation ist es nicht zwangsläufig, weiter das Gleiche zu machen. Sondern diese Situation bietet ganz konkret die Chance auf einen echten Neuanfang.

Wer nur einfach weitermacht wie bisher, indem er sich in einer anderen Firma um eine ähnliche Position bewirbt, ändert nichts. Der Preis dafür kann hoch sein – denn es besteht die Gefahr, mit der Bewerbung auf eine gleiche Position auf der Stelle zu treten und die Weiterentwicklung zu vermeiden – mit der Konsequenz von Überforderung und der Gefahr des Burnouts.

Wichtig ist, das eigene Erwartungs- und Anspruchsniveau zu analysieren – bezogen auf sich selbst und auf die anderen. Wenn Sie das machen, was Ihnen wirklich Spaß macht, ist das etwas ganz anderes, als wenn Sie die Arbeit nur machen, weil Sie damit Geld verdienen.

→ **Seminarübung**

Hinterfragen Sie die Motive für Ihr Handeln.

An mich selbst habe ich folgende Erwartungen:

_____

_____

An andere habe ich folgende Erwartungen:

_____

_____

Folgende Erwartungen haben andere an mich:

_____

_____

Folgende Erwartungen, die andere an mich haben, wurden klar ausgesprochen:

_____

_____

Erwartungen herunterzuschrauben hat einen weiteren guten Effekt: Wenn ich weniger erwarte, fallen Enttäuschungen geringer aus. Das nimmt den Druck heraus.

Hierzu ein kleines, ganz banales Beispiel: Wer Präsentationen stets perfekt ausfeilt, wird die Erwartung schüren, dass er immer perfekte Präsentationen bietet – egal, ob das im konkreten Fall wichtig oder nur nette Kür ist. Entlastend ist es, die Perfektion einer Präsentation grundsätzlich von der konkreten Situation abhängig zu machen und nicht eines Abends unendlich lang an etwas zu feilen, was es nicht wert ist – bloß um einer sachlich letztlich unbegründeten Erwartung gerecht zu werden.

Zielentwicklung auf Basis der eigenen Vision

Ziele sind wichtige Eckpfeiler auf unserem Lebensweg. Es ist wichtig zu klären, ob diese Ziele selbst gesteckt oder von außen „aufgedrückt" wurden. Die Chance, die sich durch das Burnout bietet, besteht darin, die Wahrnehmung zu schärfen und noch mehr auf die eigene innere Wahrheit zu hören und dieser zu folgen, statt sich in erster Linie an äußeren Gegebenheiten und fremdbestimmten Zielen zu orientieren. Das heißt ganz konkret, alte Ziele ganz bewusst infrage zu stellen und zu prüfen, ob diese noch zeitgemäß sind.

→ **Seminarübung**

→ *Was sind meine ganz persönlichen Ziele?*

_____

_____

→ *Wer definiert meine Ziele – sind es andere oder bin ich es selbst?*

_____

_____

→ *Wieso habe ich das Ziel noch nicht erreicht?*

_____

_____

→ *Wer bremst mich aus?*

_____

_____

→ *Welchen Anteil habe ich daran?*

_____

_____

→ *Sind die Ziele, die ich mir selbst gesteckt habe, auch heute noch meine Ziele?*

_____

_____

→ *Was ist der Sinn des Ziels?*

_____

_____

Viele tun das, was andere von ihnen wollen – ohne zu prüfen, ob es ihnen wirklich guttut. Eine Frau sagte mir in einer Coaching-Stunde: „Ich habe mir Dinge gekauft, die ich gar nicht brauchte, mit Geld, das ich nicht hatte, nur um Leuten zu gefallen, die ich gar nicht mochte – getrieben von dem inneren Wunsch, dazugehören zu dürfen."

Hinterfragen Sie also, wer Ihnen das jeweilige Ziel vorgegeben hat und ob es Ihren Vorstellungen wirklich entspricht. Denken Sie an die Analogie zur Werbung: Sie malt ein Bild von begehrenswerten Dingen und verbindet dies mit dem Gefühl von Glücklichsein. Doch genau dieses Gefühl von Glücklichsein ist nicht käuflich. Und es hat auch nichts mit arm oder reich zu tun. Die Fähigkeit zum Glücklichsein gilt es in uns zu entwickeln. Das ist ein lohnendes Ziel.

Wirklich eigene Ziele geben dem Handeln Richtung und Kraft. Ein klares und echtes Ziel ist ein Erfolgsmagnet. So steht es in vielen Erfolgsratgebern. Menschen mit klaren Zielen lassen sich auch durch negative Kommentare nicht entmutigen. Sie gehen zielstrebig voran, unabhängig davon, was andere sagen. Destruktive Kritik Andersdenkender wird nicht persönlich genommen.

Fallbeispiel

Karl Krämer verspürte wieder dieses nagende Gefühl in der Magengegend. Musik versetzte ihm häufig diesen Stich. Er wäre so gern Musiker geworden. Doch seine Eltern hielten Musik für brotlose Kunst. Und so wurde er Arzt – für innere Erkrankungen, spezialisiert auf Endoskopie. Endlos viele Patienten laufen bei ihm durch, an denen er immer wieder die gleichen Routineuntersuchungen durchführt. Diese Arbeit macht ihm schon lange keinen Spaß mehr. Beruflich fühlte er sich total gescheitert.

Als das kommunale Krankenhaus, in dem er arbeitete, durch eine private Klinikkette übernommen wurde, verschlechterte sich das Betriebsklima dramatisch. Er rieb sich in der Arbeit auf – und als die menschliche Schmerzgrenze erreicht war, konnte er einfach nicht mehr in diesem kranken Haus arbeiten. Völlig ausgelaugt überwies ihn ein Psychotherapeut in eine psychosomatische Klinik. Hier gelang es ihm, seine Lebensziele neu auszurichten. Rückblickend war dieses Ereignis für ihn prägend.

Erwartungen an die Kommunikation

Wirklich miteinander zu reden, ist eine Kunst, die auf wertschätzender Kommunikation beruht. Modelle zur Kommunikation sollen uns helfen, ein besseres und tieferes Verständnis dafür zu entwickeln, wie wir mit anderen Menschen reden. Doch der Hebel für den Erfolg gelungener Kommunikation setzt bereits weit vor dem Gespräch an. Kommunikation vollzieht sich sowohl bewusst als auch unbewusst. Oft genug passiert es, dass wir das, was wir wahrnehmen, direkt mit unseren Erfahrungen abgleichen und bewerten. So sehen wir oftmals gar nicht den Menschen, der uns begegnet, sondern einen Menschen, von dem wir annehmen, er sei so, wie wir ihn sehen. Dabei wissen wir gar nicht, wie er tatsächlich ist.

Kommunikationstrainings setzen häufig im Außen an; hier wird auf Wirkung kommuniziert. Verhaltensweisen, die auf einen Effekt bedacht sind, werden geübt und antrainiert. Beispiele sind Blickkontakt, Gesten und Körpersprache sowie rhetorisch geschliffene Sätze oder besondere Betonungen. Der Nachteil hierbei ist oft, dass die Menschen nur auf den Inhalt der Nachricht achten, ohne bei sich zu sein. Dabei verlieren sie den inneren Kontakt zum eigenen Kern in der Absicht, Wirkung zu erzielen.

Mithilfe folgender vier Schritte kann echte Kommunikation gelingen. Ziel dieses wahrnehmungs- und wertschätzungsorientierten Verfahrens ist es, mit authentischer Achtsamkeit die Selbsterkenntnis zu vergrößern, indem bewusste und nichtbewusste Anteile sinnvoll integriert werden.

1. Wirklich präsent sein

Bereits vor einem Gespräch kommt es auf die innere Haltung an. Dies hat mit der eigenen Präsenz zu tun. Insbesondere geht es darum, im Hier und Jetzt und nicht schon wieder woanders zu sein. In diesem Zustand brauchen die Dinge nicht bewertet zu werden. Sie gehen einfach in Resonanz mit sich selbst und lassen den „Körperscanner" eingeschaltet, der Ihnen ein Feedback gibt, wie es Ihnen genau jetzt geht. Achten Sie darauf, wie sich Ihr Körper jetzt gerade anfühlt und bleiben Sie in der Wahrnehmung.

2. Achtsam Raum geben

Wenn Sie präsent sind, können Sie sich für andere öffnen. Dies geschieht nicht durch angestrengte Konzentration, sondern einfach dadurch, dass Sie ein weites Wahrnehmungsfeld halten. Und das hat mit Ihrer Achtsamkeit zu tun. Dabei nehmen Sie wahr, was geschieht – ohne zu werten oder zu beurteilen. Es geht nicht darum, sich nur auf eine bestimmte Sache zu konzentrieren. Sie dürfen sich dieser Sache zuwenden – aber nicht im Kopf „eng" werden. Im Gegenteil sollen Sie auch mitbekommen, was sonst so passiert.

Stellen Sie sich vor, Sie sollen Ihrem Chef genau erklären, warum Sie so und nicht anders gehandelt haben. Die meisten Menschen argumentieren dann angestrengt auf der Sachebene, merken aber nicht, was um sie herum passiert. Wichtig ist es, alle Sinneskanäle sinnvoll einzubeziehen: Wie fühle ich mich jetzt, wonach riecht es hier, welche Geräusche höre ich, wie hell oder dunkel ist die Umgebung? Öffnen Sie den Raum zu Ihrem Gegenüber, indem Sie alle Sinneseindrücke mit einbeziehen und sich nicht nur auf der Inhaltsebene bewegen. Das Öffnen des Raumes ist ein mentaler Vorgang.

3. In Kontakt und in Beziehung treten

Jetzt können Sie sich einlassen auf den Kontakt. Beobachten Sie einfach, was passiert, ohne direkt zu werten. Die meisten von uns reagieren blitzartig auf ein Ereignis. Dies schränkt die Handlungsfähigkeit enorm ein. Das Nicht-Werten vergrößert die Wahrnehmungsperspektive, erweitert den Möglichkeitsraum der Entscheidungen und vergrößert das Handlungsspektrum. Wenn Sie Ihre Erwartungen und Beurteilungen loslassen, können Sie nur gewinnen.

4. Wertschätzende und respektvolle Beziehung pflegen

Seien Sie liebevoll und nachsichtig zu sich selbst. Wenn Sie dies beherzigen, können Sie auch anderen wertschätzend, achtsam und respektvoll begegnen. Egal, was passiert.

→ **Aufspürfragen und Denkanstöße zur Selbstreflexion**

→ *Was kann ich genau jetzt tun, damit es mir besser geht?*

→ *Welche meiner Erwartungen sind überflüssig?*

→ *Was hilft mir, Abstand zu gewinnen?*

→ *Wie kann ich mich selbst wertschätzend behandeln?*

→ *Was stärkt meinen Selbstwert?*

→ *Was hilft mir, um abschalten zu können?*

→ *Was kann ich jetzt und heute für meine Gesundheit tun?*

→ *Was gibt mir Kraft?*

→ *Wer kann mich bei meiner Orientierung unterstützen?*

→ *Was mache ich heute, was mir wirklich Spaß macht?*

→ Erlaubnisgeber zur Burnout-Prophylaxe

! *Ich darf für mich selbst sorgen.*

! *Ich darf die Dinge akzeptieren, wie die Dinge nun mal sind.*

! *Ich darf mir die Zeit für eine Orientierungsphase nehmen.*

! *Anstatt lange darüber nachzudenken, warum was passiert ist, tue ich das, was ich anders machen könnte, damit es mir besser geht.*

! *Ich erlaube mir, Abstand zu den Dingen und mir selbst zu gewinnen.*

4.5 Ent-Sorgen – Sorgenfrei die Wende einleiten

„Man bleibt jung, solange man noch lernen,
neue Gewohnheiten annehmen und Widerspruch ertragen kann."
Marie von Ebner-Eschenbach

In diesem Kapitel soll der wunde Punkt des eigenen Verhaltens erkannt werden, um dann ohne Jammern und Klagen die Wende einleiten zu können.

Um nicht in die Gefahr zu kommen, noch tiefer in den Strudel eines Burnouts zu geraten, dürfen Sie die Verantwortung übernehmen und brauchen nicht in eine Opferrolle zu schlüpfen. Man muss den wunden Punkt anschauen, damit daraus ein Wendepunkt der persönlichen Weiterentwicklung eingeleitet werden kann. Eine Klientin sagte mir in einer Coaching-Sitzung: *„Ich musste erst ganz unten ankommen, um bei mir selbst wieder anzukommen. Je mehr ich mich anstrengte, desto schlimmer wurde es. Erst als ich meine alten Verhaltensweisen komplett aufgab, konnte die Wende eingeleitet werden."*

Im wahrsten Sinne des Wortes ist diese notwendig gewesen! In der Not kann die Wende etwas Neues bringen. Das Jammern und das Festhalten an alten Verhaltensweisen hingegen führt uns noch tiefer in das Tal der Tränen. Das Jammern lähmt uns, die Situation zu ändern. Jammern zieht massiv Energie ab. Wir bleiben im Problem stecken und kommen nicht in die lösungsorientierte Handlungsfähigkeit.

Jammer-Stopp

Sämtliche „Mir geht es so schlecht"-Klagelieder, Jammerparaden und Opferstorys führen nicht zu einer Verantwortungsübernahme oder zu einer Veränderung der Situation. Im Gegenteil – sie ziehen weiter Energie ab und schwächen den Selbstwert. Eine der wichtigsten Maßnahmen ist das Einstellen des Jammerns. Sobald wir keine Energie mehr dafür aufwenden, uns selbst nach unten zu ziehen, steht sie uns zur Verfügung, um gestaltungsfähig zu werden. Doch dazu braucht es ein Jammer-Frühwarnsystem, welches wie eine Art emotionaler Schmutzfänger Attacken auf den Selbstwert verhindert.

Auf den ersten Blick kann das Jammern durchaus Vorteile haben. Spontan mögen Sie antworten: „Ich bekomme von anderen mehr Aufmerksamkeit" oder „Meine Frau tröstet mich, wenn ich jammere". Oder: „Von meinem Partner bekomme ich mehr Zuwendung." Diese Betrachtungsweise beleuchtet jedoch nur den Aspekt der Umstände. Sie bekommen durch das Jammern Zuwendung von anderen. Dadurch sind Sie selbst abhängig von den anderen.

Auf den zweiten Blick legt das Jammern eine Schnupperspur auf nicht erfüllte Wünsche. Es macht klar, wann und wie eigene Grenzen erreicht wurden. Und es kann ein Hinweis darauf sein, dass Sie möglicherweise nicht machen, was Sie wirklich wollen. Eine Entscheidung macht den Unterschied: Sie entscheiden, was Sie tun – und auch, was Sie nicht tun! Bei allem, was wir machen, müssen wir uns bewusst werden, dass wir es selbst so gewollt und uns daher so entschieden haben. Wer das Jammern gewählt hat, hat sich selbst so entschieden. Eine Entscheidung für das Jammern – ein klares Ja – bedeutet auch 1.001 Entscheidungen gegen etwas – ein klares Nein. Jetzt dürfen nicht andere für die Situation verantwortlich gemacht werden, sondern es gilt zu akzeptieren, was gerade ist. Egal, was ist. Diese Situation kann der Startpunkt zu etwas ganz Neuem sein. Wer nicht akzeptiert, was ist, verharrt in alten Verhaltensmustern. Ein Beispiel soll dies verdeutlichen.

(Fiktives Fall-)Beispiel

Wenn *Kurt* am Kühlschrank einen Zettel von Irmhild findet, auf dem steht: „Bin dann mal weg!", dann kann Kurt 15 Jahre lang jammern und sich darüber aufregen, dass Irmhild ihn verlassen hat. Er kann depressiv werden oder zur Flasche greifen. Es kann für ihn die Welt untergehen – oder auch nicht. Wie schlimm er auch mit sich umgehen mag, es bringt ihm Irmhild nicht zurück. Wenn er aber akzeptiert und begreift, dass diese Beziehung unrettbar zu Ende ist, kann er nach ausreichender Trauerarbeit die alte Beziehung loslassen. Danach kann er lösungsorientiert daran arbeiten, aus den gemachten Fehlern zu lernen, um dann vielleicht eine neue Partnerin kennen zu lernen.

> ### → Reflexionsübung
>
> *Überlegen Sie: Worüber beklagen Sie sich? Und welche dieser Jammersätze sind für die Zukunft wenig tauglich?*
>
> _____
>
> _____
>
> _____
>
> _____

Am Scheideweg – eine Wahl treffen

Zwischen Reiz und Reaktion liegen mehrere Schritte. Im Alltag reagieren wir aber auf viele Reize schnell.

Wenn beispielsweise Herr Müller abrupt die Bürotür aufreißt, hereinstürmt und in den Raum brüllt, wird es keine Sekunde dauern, bis eine Gegenreaktion Anwesender erfolgt. Die menschliche Reaktion auf einen externen Reiz ist blitzschnell.

Wenn Sie sich in Zukunft nach einem solchen Reiz aber anders verhalten und die Schritte bewusst steuern wollen, brauchen Sie Zeit. Denn nur dann können Sie sich der unterschiedlichen Phasen bewusst werden. Zwischen dem Reiz und der Reaktion liegt die Zauberkraft – und diese heißt: *wählen* zu dürfen. Sie allein dürfen entscheiden!

Der Raum zwischen Reiz und Reaktion

Die Entscheidung, wie es weitergeht, liegt bei uns, egal, was passiert ist. Um diese Entscheidungsfreiheit auch wirklich zu nutzen und nicht wieder in alte Verhaltensmuster zu verfallen, ist es wichtig, sich Zeit zu nehmen und einen Abstand zur Situation und zu sich selbst zu bekommen.

Der Raum zwischen dem von außen kommenden Reiz und der Reaktion darauf kann vergrößert werden, wenn wir uns dieser Freiheit bewusst werden und uns für neue Lösungen öffnen, anstatt gleich wieder in „Geht nicht, weil"-Kategorien zu denken. Viele Menschen nutzen diesen Möglichkeitsraum nicht, da sie denken, dass sie sich bestimmten Begebenheiten im Außen beugen müssen. Sie verringern damit ihre Chancen auf persönliche Weiterentwicklung und Wachstum.

Wir sind nicht das Produkt unserer Erfahrungen und unserer Vergangenheit. Wir sind auch nicht Opfer der Umstände. Wenn wir akzeptieren, dass die Vergangenheit zwar unsere Erwartungen prägt, wir aber auch anders weiterleben könnten, dann kann es auch anders gehen. Die Entscheidung dazu muss nur aktiv gefällt werden. Nichts muss so bleiben, wie es ist. Gar nichts. Sie dürfen wählen und entscheiden! Täglich neu.

Jeder Aspekt einer Lebenssituation kann auf unterschiedliche Weise bewertet werden. Grundsätzlich hat jeder die Wahl, ob das Leben auf einer guten oder einer schlechten Frequenz abläuft.

Aspekt	Gute Frequenz	Schlechte Frequenz	Was hat geholfen?
Wahrnehmung	Weit	Eng	In sich lauschen
Veränderungsbereitschaft	Neugierde	Angst	Chance oder Krise?
Selbstwert	Mut	Angst	Sich mutig ausprobieren
Lebensbalance	Bei sich sein	Außer sich sein	Meditation
Sinn	Innere Erfüllung	Fremdbestimmung	Hinterfragen
Antrieb	Innerer Drang	Äußerer Druck	Motivation erforschen

Dazu ist es wichtig, sich selbst die Erlaubnis zu geben, dass es ganz und anders weitergehen darf. Mehr vom Selben führt nicht weiter.

Nutzen, Risiko und Nebenwirkung eines Burnouts

Über die Gründe eines Burnouts zu reflektieren, ist sinnvoll und ermöglicht vielleicht bei genauerem Hinsehen auch gute Erkenntnisse. Wichtig ist, nicht nach Entschuldigungen, warum es dazu gekommen ist, und Schuldzuweisungen zu suchen, sondern eine neue Art des Hinschauens zu ermöglichen. Sie können Ihren persönlichen Blickwinkel ändern, indem Sie andere Fragen stellen, wie etwa: Wozu diente der Nervenzusammenbruch? Was sollte sich ändern? Welche persönliche Motivation stand dahinter? War die innere Flamme schon früher erloschen?

→ **Reflexionsübung**

Beantworten Sie für sich folgende Fragen, wenn Sie denken oder fühlen, dass Sie in einer Burnout-Situation sind:

→ *Sind Sie wirklich so erschöpft? Ist die Situation so schlimm?*

→ *Sind Sie sich wirklich absolut sicher, dass Sie unter Burnout leiden?*

→ *Was macht Sie so sicher? Die Meinung anderer, Ihr schlechtes Gewissen, das Gefühl, den Anforderungen nicht zu genügen?*

→ *Angenommen, es wäre nur ein Gedanke, der Ihnen vortäuscht, dass Sie sich im Burnout befinden – wie verhielten Sie sich ohne diesen Gedanken?*

→ *Stellen Sie sich vor, dass es nicht nur ein Gedanke wäre – was könnte dann die positive Absicht des Burnouts sein?*

→ *Könnten Sie dieses Ereignis auch als einen Erfolg sehen? Wie müsste dann Ihr Blickwinkel sein?*

→ *Was haben Sie aus der Situation gelernt, die Sie in den Burnout gebracht hat?*

→ *Sind Sie jetzt ein anderer Mensch als vorher?*

→ *Hat das Ziel, das Sie erreichen wollten, überhaupt noch einen Anreiz, und lohnt es sich, weiter darauf hinzuarbeiten?*

→ *Wenn es zu anstrengend war, wie könnte es anders und müheloser erreicht werden?*

→ *Welche menschlichen, unternehmerischen, persönlichen oder seelischen Werte haben Sie dadurch an sich selbst neu entdeckt und entwickelt?*

→ *Stellen Sie sich vor, dass Sie in zehn Jahren auf die heutige Situation zurückblicken. Was würden Sie aus dieser Sicht sagen – was könnte den Burnout ausgelöst haben?*

Könnte der Burnout-Zustand ein Indikator für Ihre persönliche Weiterentwicklung sein? Die empfundene Kraftlosigkeit ist ein Feedback Ihres Körpers. Sie könnte der Auftakt für einen Richtungswechsel sein, für eine Neuorientierung und die Möglichkeit, es anders zu machen. Eine Burnout-Erfahrung ist eine Chance, die individuelle Lebensaufgabe zu erkennen und konsequent umzusetzen. Daher kann die Burnout-Situation möglicherweise ein Impuls für eine Persönlichkeitsentwicklung sein, die größer und wichtiger ist als bisher geplante Entwicklungsstufen. Die Voraussetzung dafür ist, dass wir diesen Impuls als eine Art „positiven Entwicklungshelfer" verstehen und neue Wege einfach ausprobieren. Genau in dem Moment, in dem wir gewisse Dinge einfach lassen, ist eine Verhaltensänderung eingeleitet. Voraussetzung dafür ist, die Dinge wahrzunehmen, wie sie sind. Danach geht es darum, den Geist zu beherrschen, um das Leben ganz und anders zu schaffen. Da (zum Glück) keine Neuformatierung unseres „Gehirn-Laufwerks" möglich ist, können Sie Ihr Verhalten und Ihre Einstellung nur in kleinen Schritten anders lenken.

Dazu müssen wir lernen, ganz anders entscheiden zu dürfen. Um dies jedoch tun zu können, müssen wir uns dieser Situation ganz bewusst sein. Stellen Sie sich vor, dass Sie jedes Mal, wenn Sie sich über Ihren Chef oder Ihren Partner aufregen, laut schimpfen. Dies verbessert sicher weder Ihre Laune noch das Verhältnis zu Ihrem Chef oder Partner. Stellen Sie sich also weiter vor, dass Sie jedes Mal, wenn Sie über den Chef schimpfen, Ihre Armbanduhr vom linken Arm auf den rechten binden. Die Armbanduhr hat die Funktion eines Bewusstseinsanspitzers, der sie darauf aufmerksam macht, dass Sie schon wieder geschimpft haben. Allein dadurch, dass Sie sich bewusst machen, dass Sie schimpfen und dann Ihre Uhr wechseln müssen, werden Sie weniger schimpfen. Mittelfristig führt dies zu einer Veränderung des Bewusstseins und zu einer Änderung des Denkverhaltens. Irgendwann werden Sie weniger schimpfen – und auch weniger stark solche Gedanken hegen. Sehr erfolgreich hat der Priester Will Bowen dieses Verfahren in seinem Buch „Einwandfrei" beschrieben, welches ich sehr empfehlen möchte (siehe Literaturverzeichnis).

Vom wunden Punkt zum Wendepunkt

Die Bewertung eines Ereignisses ist eine persönliche Konstruktion der eigenen Wirklichkeit. Unsere innere Haltung zu den Dingen stellt die Weiche für unsere Entscheidungen. Wir sehen die Welt aus unserem Blickwinkel und erleben, bewerten und interpretieren Zustände individuell unterschiedlich. Unsere subjektive Einstellung hat also für die Bewertung einer im Außen empfundenen objektiven Alltagsgegebenheit eine ganz wesentliche Bedeutung für das Erleben von Belastungen und die Folgen. Je nach Blickwinkel gestalten oder verunstalten wir unsere Außenwelt und damit unser Leben. Die Frage ist also, wie Sie ganz persönlich mit einem Ereignis umgehen, denn Ihre persönliche Interpretation lässt Sie es entweder positiv oder negativ erleben.

Die Zeitpunkte in unserem Leben, zu denen wirklich massive Veränderungen stattfinden, sind Wendepunkte. In der Fachliteratur werden diese „Bifurkationspunkte" genannt. Wenn Sie an einem Wendepunkt angelangt sind, an dem Sie wirklich aus dem Gleichgewicht geraten sind, liegt die Entscheidung bei Ihnen, was Sie nun tun:

→ Der eine Weg führt in die Frustspirale mit dem Resultat von Mittelmäßigkeit, Unzufriedenheit, Sinnlosigkeit, Frust, mangelndem Selbstwert und innerem Rückzug (siehe Abb. auf der folgenden Seite)

→ Der andere Weg eröffnet uns die Chance der Lust- und Glücksspirale mit dem Ergebnis von eigener Größe, Lebenserfüllung, Spaß, Sinn, gutem Selbstwert und Verbundensein mit der Gemeinschaft. Wenn wir wirklich bei uns sind, schlittern wir nicht in einen Burnout-Zustand. Dazu braucht es eine gute Wahrnehmung für das, was genau *jetzt* ist!

FRUSTSPIRALE

- ↑ Opfer der Umstände sein – Warum ist mir das passiert?
- ↑ Blickwinkel auf Probleme und Scheitern
- ↑ Prinzip „Druck von außen"
- ↑ Schlechtes Selbstwertgefühl →
- ↑ Keine Wertschätzung
- ↑ Kontrolle, Abhängigkeit
- ↑ Kein Vertrauen – Angst
- ↑ Bedürftigkeit → Ich muss
- ↑ Motto: Angestrengt weiterrödeln, bis die Knochen knacken
- ↑ Das machen, was andere von einem wollen
- ↑ Alten Erfolgsschemen hinterherhecheln
- ↑ Einem Vorbild nacheifern
- ↑ Auf Druck reagieren, die eigene Stimme verlieren
- ↑ Kopfgesteuert reagieren
- ↑ Außer sich sein
- ↑ Im Gefühl verstrickt sein
- ↑ Reaktion auf äußere Rahmenbedingungen
- ↑ Funktionieren müssen wie eine Maschine
- ↑ Sich verbiegen müssen
- ↑ Vorbild → Abziehbild
- ↑ Leben ist ein Abarbeiten von vorgegebenen Aufgaben

Resultat: Mittelmäßigkeit, Unzufriedenheit, Sinnlosigkeit, Frust, mangelnder Selbstwert, keine Verbindung mit anderen

WENDEPUNKT (BIFURKATION)

LUST- UND GLÜCKSSPIRALE

- ↑ Kreative Gestaltungsfähigkeit nutzen – Wie könnte ich es anders machen?
- ↑ Blickwinkel auf Lösung und Chancen
- ↑ Prinzip „Drang von innen"
- ↑ Mut, Neugierde, Lust
- ↑ Gutes Selbstwertgefühl → Gelebte Wertschätzung
- ↑ Trau dir → Trau dich → Trau dem Ganzen
- ↑ Der eigenen Intuition trauen
- ↑ Bedürfnis → Ich darf
- ↑ Motto: Anstrengungsfrei durch das Leben hüpfen
- ↑ Erfolg ist, was folgt, wenn wir uns selbst folgen
- ↑ Eigene Wertmaßstäbe setzen und danach leben
- ↑ Potenziale veredeln
- ↑ Authentisch sein
- ↑ Der eigenen Stimme folgen, Stimmung, Gestimmtheit
- ↑ Verbindung von Herz und Kopf
- ↑ Bei sich sein
- ↑ Das Gefühl beobachten
- ↑ Proaktives Gestalten des eigenen Spielraums
- ↑ Leben ist ein Sichausprobieren im Möglichkeitsraum
- ↑ Miteinander voneinander lernen

Resultat: Eigene Größe, Lebenserfüllung, Spaß, Sinn, guter Selbstwert, Verbundensein

→ **Aufspürfragen und Denkanstöße zur Selbstreflexion**

→ *Worüber beklage ich mich?*

→ *Wodurch werde ich mir bewusst, dass ich jammere?*

→ *Was bringt mich aus der Jammersituation?*

→ *Wie könnte ich mich anders entscheiden?*

→ *Wie müsste ich auf die Situation schauen, um Alternativen zu sehen?*

→ **Erlaubnisgeber zur Burnout-Prophylaxe**

! *Ich darf eine andere Perspektive einnehmen, um die Dinge anders betrachten zu können.*

! *Ich darf meinen Selbstwert steigern.*

! *Ich erlaube mir, meinen Bedürfnissen zu folgen und das zu machen, was mir entspricht.*

4.6 Ent-Scheiden – Im Einklang mit sich selbst

„Etwas, was wir uns versagten, schwächte uns. Bis wir merkten, dass wir es selbst waren, was wir uns vorenthielten." (Robert Frost / 1874–1963)

Diese Phase betrifft die Entwicklung einer eigenverantwortlichen Lebensweise. Niemand anderes als Sie selbst sind verantwortlich für Ihr Leben. Sie können die Verantwortung nicht an andere Menschen delegieren. Eigenverantwortung zu übernehmen, bedeutet, antwortfähig zu werden. Auf dem Weg zur persönlichen Weiterentwicklung spielt die emotionale Kompetenz eine große Rolle. Diese bezeichnet die Fähigkeit, mit den Beziehungen zu anderen in Resonanz zu gehen und Empathie für andere spürbar zu machen. Hierzu sind persönliche Integrität und Authentizität erforderlich.

Eigenverantwortung und emotionale Selbstwahrnehmung

Große Defizite lassen sich häufig vor allem in der psychosozialen (Eigen-)Kompetenz und der Kommunikationsfähigkeit finden. Emotionen zu erkennen und zuzulassen ist eine nicht zu unterschätzende Fähigkeit bei der Interaktion zwischen Menschen.

Da die emotionale Erschöpfung ein Kernelement des Burnouts ist, beginnt der erste Schritt mit einer korrekten Selbstwahrnehmung. Wenn wir unser Leben als ein

„inneres Unternehmen" auffassen, geht es darum, die eigenen Fähigkeiten, Fertigkeiten, Talente und Potenziale optimal mit den Möglichkeiten, die das Leben bietet, zu verzahnen, um so einen maximalen (Lebens-)Profit zu generieren. Die Selbsterkennung ist ein Schlüsselfaktor zur emotionalen Kompetenz. Und dies hat sehr viel mit der (inneren) Bereitschaft und Fähigkeit zu tun, Impulse und Aspekte bei sich selbst wahrzunehmen.

In dem Moment, in dem sich die Anforderungen der Außenwelt mit sich selbst in Einklang bringen lassen, kann ein gutes Selbstmanagement umgesetzt werden. Die persönliche Integrität ist der Einklang zwischen dem Verhalten, den eigenen Werten und Bedürfnissen. Jenseits aller negativen Bewertungen der psychischen Belastungen hat Burnout eine enorme biologische Bedeutung für die Selbstorganisations- und Anpassungsprozesse.

Menschen mit gut ausgeprägter emotionaler Selbstwahrnehmung …
- → haben eine Vision von ihrem Leben und setzen sich klare Ziele,
- → haben ein gutes Selbstvertrauen,
- → verfügen über eine gute Selbstsicherheit und sind nicht übermäßig selbstkritisch,
- → kennen ihre Werte und folgen ihnen,
- → fokussieren sich auf ihre Stärken anstatt auf ihre Schwächen,
- → können sich und anderen Fehler zugestehen und auch verzeihen,
- → kennen ihre persönlichen Schwachpunkte und tragen diese mit Humor,
- → haben ein hohes Maß an Selbstverständnis,
- → wissen, welche Ziele sie verfolgen, und auch, warum sie sie verfolgen,
- → treffen Entscheidungen im Kontext ihrer eigenen Werte und ihrer inneren Bedürfnisse und Strukturen.

Unsere Reaktionen auf Belastungen sind erlernte Verhaltensmuster. Wenn Sie bisher auf äußeren Druck auf eine bestimmte Weise reagiert haben, so muss dies nicht so bleiben, wir können unser Verhalten auch verändern. Und das hat maßgeblich mit unserem Erwartungs- und Selbstmanagement zu tun, denn oft sind es unsere Erwartungen an uns selbst, die uns belasten und uns die eigene Energie rauben.

Wer sich mehr vornimmt, als er eigentlich schaffen kann, muss sich über Misserfolge und Frustrationen nicht wundern. Seien Sie authentisch und bleiben Sie locker im Hier und Jetzt, verbiegen und verkrampfen Sie sich nicht in Ihrer Persönlichkeit. Ziele müssen realistisch, messbar und kontrollierbar sein. Doch das erste und wichtigste Wort ist realistisch!

Beim Hochsteigen auf der Karriereleiter nach einer Beförderung besteht immer die Gefahr, dass das eigene Anspruchsniveau höher klettert, als es das geistig-körperlich-seelische Fundament vielleicht zulässt. Die Folge könnte ein schnelles Erreichen der Belastungsgrenze sein – mit der Konsequenz von Überforderung und der Gefahr eines Burnouts.

Gelebte Eigenverantwortung ist eine To-do-Maßnahme aus dem Bereich der Entscheidungen. Niemand kann auf allen Hochzeiten tanzen. Gefordert ist immer wieder, sich für das eine und gegen das andere zu entscheiden. Erst dann kann man sich einer Sache voll und ganz und mit Erfolg widmen. Und wenn Sie sich entschieden haben, ist es wichtig, dass Sie dazu auch voll und ganz „Ja" sagen können. Ein klares Commitment gibt Kraft für die Zukunft.

→ **Aufspürfragen und Denkanstöße zur Selbstreflexion**

→ *Wann bin ich „ich selbst"?*

→ *Wann verbiege ich mich?*

→ *Was ist mir persönlich wichtig?*

→ *Wie kann ich meine Eigenverantwortung noch besser leben?*

→ *Von welchen Gewohnheiten will ich mich verabschieden?*

→ *Wie kann ich es schaffen, etwas so zu machen, dass es für mich persönlich gut ist?*

→ *Wie kann ich mein Körper- und Bauchgefühl miteinbeziehen?*

Transformation in kleinen Schritten

Bei der Transformation der Burnout-Erfahrung ist es sehr wichtig, ganz behutsam und langsam vorzugehen. Es geht dabei nicht um den großen Wurf, sondern um ganz kleine, bewusste Schritte. Einfach einen Fuß vor den anderen zu setzen – das ist ein guter Anfang.

Der Körper speichert Erlebnisse in den Körperzellen. Oft werden traumatische Erinnerungen im impliziten Gedächtnis aufgezeichnet. Verantwortlich hierfür ist eine kleine Substanz im Gehirn – die Amygdala, auch Mandelkern genannt. Die Transformation verfolgt das Ziel von mehr Lebendigkeit und frei fließenden Bewegungen, die durch den Burnout eingefroren wurden. Es geht also nicht um eine Linderung der Symptome, sondern um einen Neuaufbruch. Das Nervensystem pendelt zwischen frei fließenden Bewegungen und Immobilität hin und her. Die Gefühle schwanken zwischen Mut und Angst. Die Wahrnehmung bewegt sich zwischen Offenheit und Verkrustung. Die Transformation ermöglicht ein Lösen des Zustands, der über die Selbstregulation des Körpers angeregt wird. Durch den Einbezug des Körpers lassen sich effektivere Ergebnisse erzielen als nur über konventionelle Verfahren, wie z.B. die Verhaltenstherapie.

Es gibt Motivationstrainer, die glauben machen wollen, dass man durch positive Formulierungen nachhaltige Veränderungen bewirken kann. Leider gilt dies nur bedingt. Die Bewusstmachung per se bedeutet noch keine Änderung der Verhaltensweise im Alltag. Erst wenn wir analysieren und verstehen, wie wir ticken und wie wir uns verhalten, können wir uns selbst verstehen. Wenn wir unsere Werte, Motive, Vorstellungen und Erwartungen hinsichtlich ihrer Entstehung einordnen können, können wir uns vorstellen, dass scheinbar unausweichliche Glaubenssätze und eingefahrene Denkmuster auch ganz anders denkbar sind. Und dazu brauchen wir nur die Perspektive zu verändern.

Wir können alte Muster überschreiben und Neues trainieren. Dies bedeutet: „Raus aus den alten Mustern" und ein Verlassen der eingetretenen Spur. Es bedeutet aber auch ein Verlassen der so bequemen Lebenskomfortzone. Wie bei einer Desensibilisierung muss das alte Verhalten schrittweise ausgeleitet und durch ein neues ersetzt werden. Mit dem richtigen Dreh machen wir aus der negativen Bewertung eine positive Gelassenheitsaktion. Dies funktioniert über eine Modifikation des Blickwinkels.

Unsere subjektive Einstellung für die Bewertung einer im Außen empfundenen objektiven Alltagsgegebenheit hat eine ganz wesentliche Bedeutung für die Fähigkeit, mit einer Burnout-Situation umzugehen. Das Bild und somit die Bewertung, mit der wir der Welt gegenübertreten, sind persönliche und individuell unterschiedliche Konstruktionen. Wir sehen die Welt aus unserem Blickwinkel und bewerten Zustände individuell unterschiedlich. In vielen Bereichen ist diese Bewertung aufgrund faktischer Gegebenheiten, gesellschaftlicher Rahmenbedingungen und tradierter (Wert-) Vorstellungen ähnlich und hat einen prägenden Einfluss auf die Gesellschaft und ihr Bewusstsein. Je nach Blickwinkel gestalten oder verunstalten wir unsere Außenwelt und so unser Leben. Erst die Interpretation lässt ein Ereignis positiv oder negativ erscheinen. Die Energie ist möglicherweise die gleiche – nur das Vorzeichen ist unterschiedlich.

Fallbeispiel

Petra Zimmermann-Bleibtreu, Referentin der Personalentwicklung in einem kirchlichen Krankenhaus, leidet seit Jahren immer wieder unter heftigen Magenschmerzen, die sich besonders in Stresssituationen verstärken. Ständig hat sie das Gefühl, dass alle Kollegen etwas von ihr wollen. Dabei möchte sie es allen recht machen und sehnt sich nach Anerkennung. Die vom Personalchef hektisch anberaumten Besprechungen sind ineffizient und schlecht vorbereitet. Die Stimmung innerhalb des Krankenhauses befindet sich durch einen nicht wertschätzenden Umgangston auf dem Nullpunkt.

Seit sie nun unter Zeitdruck auch noch ein neues Personalbewertungssystem einführen soll, eine ihrer Kolleginnen in Elternzeit gegangen ist und aus Kostengründen keine Vertretung eingestellt werden darf, arbeitet sie quasi Tag und Nacht auf Hochtouren. Sie hat das Gefühl, die Zukunft der Personalabteilung hinge allein von ihr ab, und strengt sich noch mehr an. Kurz nach Ostern reagiert Petra prompt mit einem akuten Bandscheibenvorfall. Für sie stehen die Vorzeichen auf Belastungserschöpfung. Es gibt keine Un-do-Taste, um das Geschehene rückgängig zu machen. Dabei hätte sie doch noch so viele E-Mails beantworten müssen …

Beim Umgang mit Belastungen, Stress und Burnout-Situationen geht es nicht darum, die Folgeerscheinungen missglückter oder krankmachender Lebensbedingungen zu bekämpfen, sondern die Voraussetzungen für ein glückliches und gesundes Leben zu schaffen. Kompensationsmechanismen, die lediglich am Symptom ansetzen, springen letztlich zu kurz. Warnsignale unseres Körpers sind Aushängeschilder, auf denen Worte stehen wie: „Hilfe, tu etwas, so geht es nicht mehr weiter." Anstatt die Alarmsignale des Stresses auszuschalten, ist es richtig, die Warnhinweise als Veränderungsindikatoren aufzufassen, um einen Wandel einzuleiten, damit wir im Einklang mit uns selbst leben können. Dies bedeutet jedoch, die Dinge in Zukunft anders zu machen.

Wir müssen die Verantwortung dafür übernehmen, wie die Situation jetzt ist, und uns akzeptieren, wie wir sind. Wir können nicht gegen uns selbst anrennen. Wir können nicht vor uns selbst weglaufen, da wir uns immer selbst mitnehmen. Durch gelebte Eigenverantwortung kann eine Erweiterung unseres Bewusstseins stattfinden. Dies bedeutet eine klare Entscheidung, das eine zu machen und das andere loszulassen. Wir können nicht beides machen. Alles gleichzeitig geht eben nicht.

Viele verharren in der Frustzone, denn Leiden scheint leichter als Handeln, aber Handeln macht leichter als Leiden. Im Umgang mit chronischem Stress, Erschöpfungs- und Belastungssituationen ist es wichtig, sich nicht als Opfer der Situation zu fühlen, denn das zieht die Handlungskraft ab. Man muss proaktiv und mutig die Verantwortung übernehmen. Das gibt Handlungsschub und leitet die Problemlösung ein.

Das ist eine klare Ansage, reduziert Ihre Belastungen und ist ein proaktiver Weg aus der Hilflosigkeit und aus dem Please-me-Syndrom („Wie mache ich es nur den anderen recht?").

Übernehmen Sie also mutig die Verantwortung für die Situation und Ihr Leben. Kommen Sie selbst in die Kraft! Die Transformation hierzu vollzieht sich in zwei Schritten:
→ Entdecken Sie die Möglichkeiten!
→ Machen Sie klare Ansagen!

Schritt 1: Entdecken der Möglichkeiten

Wenn man durch ein Schlüsselloch sieht, ist der Blickwinkel klein, die Gesamtperspektive verdeckt. Erst durch das Zulassen einer Bewusstseins- und Wahrnehmungsveränderung lassen sich neue Möglichkeiten entdecken und eine größere Perspektive auf das Gesamtgeschehen erlangen. Ziel ist die Integration in einem umfassenden Sinn. Das bedeutet, die uns hemmenden und einschränkenden Dimensionen des gewöhnlichen Bewusstseins durch die Blickwinkelerweiterung zu überwinden. Das ermöglicht es uns, einen im Einklang mit uns selbst aufzubauenden (Er-)Lebensbereich zu entwerfen, der eine umfassende und nachhaltige Integration der Aspekte aus Körper, Seele und Geist in echter Verbindung mit der Welt im Außen sinnvoll gestalten lässt.

Durch die Erweiterung des Blickwinkels können wir über den Tellerrand der routinierten Betriebsamkeit „sehend und spürend" in die Handlung kommen, anstatt weiterhin wie bei einer Schallplatte mit Sprung im monotonen Klageliedmodus zu verharren.

Transformation von Belastungssituationen

Sichtweise	Problemorientierung	Lösungsorientierung
Fragestellung	Warum bin ausgerechnet ich in ein Burnout geraten?	Wie kann ich sinnvoll mit der Situation und mit mir umgehen?
Haltung	Ich bin ein Opfer der Umstände, ich brauche Hilfe. – Die Abgabe der Verantwortung und die Hilflosigkeit ziehen uns Energie ab.	Ich bin Herr des Geschehens und kümmere mich selbstverantwortlich darum, dass es mir besser geht. Die Eigenverantwortlichkeit gibt Kraft und die Gelassenheit, dass es klappt.
Umgang mit Belastungen	Da muss ich durch – was fertig werden muss, muss erledigt werden.	Wenn es richtig stressig wird, setze ich mich hin, atme ein, aus und dann gelassen weiter.
Körperliche Auswirkungen	Rücken-, Kopf- und Magenschmerzen.	Achtsamkeit im Umgang mit dem eigenen Körper.
Persönliches Verhalten	Reaktives Verhalten: Ich kann nichts dafür und leide sehr unter dem Stress. Selbstmitleid – Mir geht's ja so schlecht.	Proaktives Gestalten: Ich bin Herr meines Lebens und kann sehr gut mit dem Stress umgehen. Proaktiv nutze ich die Maßnahmen der Stressprävention und ich übe mich konsequent in Gelassenheit.
Einstellung zu Belastungen und Stress	Der Druck, erfolgreich sein zu müssen, macht mich völlig fertig.	Angenehmer Stress beflügelt mich; für den Umgang mit Belastungen habe ich Bewältigungstechniken.
Einstellung zu Fehlern	Ich darf keine Fehler machen.	Wenn ich Fehler mache, dann ist das ein Hinweis, dass es anders weitergehen darf.
Gedanken zum persönlichen Erfolg	Ich muss extrem viel und hart arbeiten, um erfolgreich zu sein.	Wenn ich ganz bei mir bin, weiß ich, was mir guttut und was ich wirklich will.
Vorstellung über von außen gesetzte Grenzen	Verboten! Grenzen dürfen keinesfalls überschritten werden.	Einfach drüberhüpfen! Konsequentes Infragestellen althergebrachter Normen.

Die Blickwinkelerweiterung ist der Impuls für den Wandel. Wir dürfen uns nicht auf das Niveau einer Maschine reduzieren lassen, die nur funktionieren muss. Die Bewusstmachung und Integration aller Anteile ist eine wichtige Voraussetzung zur Gesundung. Trauen Sie Ihrem Bauchgefühl und lassen Sie Ihren Kopf nicht allein auf Basis von Zahlen, Daten und Fakten entscheiden. Bohren wir ein wenig in die Tiefe:

→ **Übung**

Wenn Sie das Gefühl haben, dass Sie tief in einem Burnout stecken, hinterfragen Sie bitte jetzt Ihre Bewertung der Situation.

→ *Sind es wirklich meine eigenen Wertmaßstäbe, die mich die Situation als so schwer einstufen lassen?*

→ *Bin ich mir sicher, dass mich diese Wertmaßstäbe bisher glücklich gemacht haben?*

→ *Bin ich mir sicher, dass mich diese Wertmaßstäbe in Zukunft glücklich machen werden?*

→ *Wie müssten diese Wertmaßstäbe geändert werden, damit ich glücklicher werde?*

Hinterfragen Sie die Situation noch intensiver und tiefer:

→ *Wenn ich diesen Gedanken nicht hätte, der mich negativ stimmt – wie würde ich mich fühlen?*

→ *Was würde passieren, wenn ich diesen Gedanken einfach loslassen könnte?*

Schritt 2: Machen Sie klare Ansagen

Sagen Sie klipp und klar, was Ihnen wirklich wichtig ist. Sprechen Sie es an und aus: Im zweiten Schritt bedarf es keiner emotionalen Schwerstarbeit, um klipp und klar zu äußern, was Ihnen wirklich wichtig ist – viele Dinge lassen sich ganz einfach ändern. Probieren Sie es einfach mal aus. Dadurch, dass Sie die Punkte, die Sie wirklich stören, proaktiv ansprechen, anstatt frustriert zu resignieren, findet Veränderung statt.

Atmen Sie einfach einmal ganz tief ein und atmen Sie mit dem nächsten Ausatmen all die Schwere und das Anstrengende – vielleicht mit einem Stoßseufzer – einfach ab. Wie ist es jetzt?

Spielen im Möglichkeitsraum

Häufig besteht Einigkeit in der Ratlosigkeit oder in der Bekräftigung, warum alles nicht klappt und warum es so anstrengend ist. Nur durch effizientes Optimieren kommen wir jedoch nicht zu anderen Lösungen. Mittels einer Frischzellenkur für das kreative Denken lassen sich jedoch alte Denkschleifen verlassen.

Einer meiner ostasiatischen Kampfkunsttrainer sagte mir einmal: „Lege ein Ohr auf den Erdboden – dann ist das andere für den Himmel offen."

Der Möglichkeitsraum ist frei von Bewertungen. Durch kreative Möglichkeiten der Visualisierung können wir die Änderung unserer Einstellung, Sichtweisen und des

Blickwinkels unterstützen. Affirmationen, positive Selbstgespräche und Visualisierungstechniken helfen, negative Selbstaussagen durch lösungsorientierte, proaktive und klar vorgestellte Gedanken zu ersetzen. Anstatt „Das schaffe ich ja nie" sagen Sie sich:„Heute probiere ich das zum ersten Mal. Mit jedem weiteren Mal werde ich dann besser. Ich stelle mir dabei ganz genau vor, wie ich das mache."

Für die Umsetzung muss genügend Zeit eingeplant werden. Alles dauert länger, als man glaubt. Die Umsetzung einer Veränderung wird von diversen Merkmalen der Vorgeschichte mitbestimmt. Diese sind:

→ Individuelle Ansichten und Glaubenssätze
→ Gesundheit, Befinden und persönliche Fitness
→ Erholungs- und Ernährungszustand
→ Gefühle
→ Motive und Ziele
→ Gedankenwelt, Wissen und gemachte Erfahrungen
→ Umfeld, Beziehungen, Freundschaften
→ Erwartungen anderer (Partner, Familie, Freunde, Kollegen etc.)
→ Selbstwahrnehmungsfähigkeit
→ Grad der Selbstverantwortung

Voraussetzung ist auf jeden Fall, dass wir uns auch verändern können und wollen! Wovon hängen nachhaltige Veränderungen ab? Das erfolgreiche Erreichen unserer Ziele hängt von unserem Verhalten, unseren Motiven, unserem Willen und unserer Vorstellungskraft – der konkreten Visualisierung – ab. Nicht immer wird der Wille in die Tat umgesetzt, wenn wir uns das Ziel nicht wirklich bildlich vorstellen können.

Unter dem Blickwinkel der Bewältigung einer Burnout-Situation ist die Veränderung unseres Lebens hin zu mehr Gelassenheit sicher eine der spannendsten und wichtigsten Dimensionen. In der Aufdeckung der prägenden Einflüsse aus dem familiären Umfeld, der Erziehung durch Schule und Gesellschaft liegt ein Dreh- und Angelpunkt für Veränderungen.

→ Übung

→ *Angenommen, Sie hätten den belastenden Gedanken an den Druck nicht mehr – wie würde sich das für Sie anfühlen?*

→ *Wie müsste der spürbare Veränderungsschub aussehen, wenn Sie den negativen Gedanken nicht mehr hätten?*

→ *Wenn ich den negativen Gedanken nicht mehr hätte, könnte ich ...*

_____

_____

_____

Kreative Auszeit: Verabredung mit sich selbst

Sie selbst sind der wichtigste Mensch in Ihrem Leben. Allzu oft sind wir stets für andere da – aber nicht für uns selbst. Wir lernen, andere respektvoll und wertschätzend zu behandeln, aber zu uns selbst sind wir hart. Wenn wir uns selbst nicht mehr spüren, können wir kein Mitgefühl für andere entwickeln. Der Schlüssel liegt in uns – Wertschätzung und Respekt fangen bei uns selbst an. Je weniger wir uns um das kümmern, was im Außen ist, und je mehr wir das beherzigen, was in uns ist und was uns unser Körper sagt, desto besser werden wir im Einklang mit uns selbst leben können.

Wann haben Sie sich zuletzt mit sich selbst verabredet? Um wahrnehmen zu können und damit den Raum für Neues zu öffnen, brauchen Sie Zeit. In meinen Terminkalender trage ich regelmäßig einfach das Wort „NIX" ein. Zeit-Balance statt Zeit-Brisanz heißt die Devise. Das bedeutet, sich eigene Trödelzonen und Mußestunden zu erlauben. Eine solche „NIX-Eintragung" kann auch heißen, einen Tag wirklich nichts zu tun. Ein ganzer Tag voller Leben, aber ohne Hetze, ohne Termine und ohne Sorgen. Wichtig ist, sich Pausen zu erlauben.

TIPP: RESERVIEREN SIE SICH ZEITZONEN FÜR SICH, IHR WACHSTUM UND IHRE WEITERENTWICKLUNG. VERABREDEN SIE SICH MIT SICH SELBST.

Tragen Sie diese Verabredung ebenso in Ihren Terminkalender ein, wie Sie Termine mit anderen Personen eintragen. Nehmen Sie sich selbst wichtig. Und noch ein Tipp: Einen Termin mit sich selbst sollten Sie nicht an das Ende eines überfüllten Tages legen – so besteht die Gefahr, dass Sie ihn löschen und sich mal wieder selbst nicht wichtig genug nehmen.

→ Aufspürfragen und Denkanstöße zur Selbstreflexion

→ *Wie begegne ich mir selbst?*

→ *Wann habe ich das Gefühl, eigenverantwortlich zu handeln?*

→ *Was steht dem im Weg?*

→ *Wie kann ich meine Stärken stärken?*

→ *Wie kann ich es mir selbst anstatt anderen recht machen?*

→ *Wie kann ich mir selbst wertvoll sein?*

→ *Welche Alternativen bieten sich zu den bisherigen Wegen?*

→ *Wie könnte ich mich noch ausprobieren?*

→ *Wie kann ich meine Vorstellungskraft vergrößern?*

→ *Wie sieht meine kreative Auszeit aus?*

→ Erlaubnisgeber zur Burnout-Prophylaxe

! *Ich erlaube es mir, andere Wege auszuprobieren.*

! *Ich bin verantwortlich für die Erfüllung meiner Lebenswünsche und übernehme die Verantwortung für mein Leben.*

! *Ich gönne mir eine kreative Auszeit.*

! *Ich habe die Wahl, es so oder so zu machen.*

! *Ich darf entscheiden, zu tun und lassen, was ich will.*

! *Ich allein bin verantwortlich für mein Lebensglück.*

4.7 Ent-Falten – Ohne sich selbst im Weg zu stehen

„Trenne Dich nie von Deinen Illusionen und Träumen. Wenn sie verschwunden sind, wirst Du weiter existieren, aber aufgehört haben zu leben." (Mark Twain)

In dieser Phase steht im Mittelpunkt, in der eigenen Zeit mit sich selbst im Einklang zu sein, eigene Werte im eigenen Rhythmus zu finden, eine neue Lebensführung auf Basis einer neuen Strategie zu entwickeln, konkrete Maßnahmen aufzusetzen, erste Schritte in den neuen Räumen gehen zu lernen und das neu Gelernte umzusetzen und zu integrieren.

Nach und nach soll die eigene Schwingungsfähigkeit wiederhergestellt, der eingeschränkte Aktionsradius vergrößert werden. Ziel sind konkrete Schritte zur lebendigen Ganzheit und Eigenverantwortung. Negative Überzeugungen und emotionale Verhaltensmuster sind oft die Ursache für unbewusste Anspannungen, die sich auf der Körperebene durch Muskelverspannungen und Schmerzen zeigen können. Die verspannten und verkrampften Muskeln führen dann durch den Druck der Belastungen und die damit verbundenen Energieblockaden zu Nacken- und Wirbelsäulenschmerzen. Der auf Misserfolg programmierte Mensch gelangt in einen Teufelskreis: Die emotionale Verspannung führt zur Fehlhaltung, diese erzeugt die Schmerzen und der Schmerz verschlimmert die emotionalen und körperlichen Verspannungen.

Investition in die Zukunft

Die auf dem Weg zur inneren Weiterentwicklung Stolpernden können neue Verhaltensweisen im Umgang mit ihrem Engagement und den eigenen Erwartungen ausprobieren, indem sie die Negativprogrammierung stoppen. So brauchen sie nicht mehr gegen sich selbst anzurennen und können die eigene Schwingungsfähigkeit verbessern. Das jedoch erfordert Zeit und Geduld.

Wenn wir uns zu etwas motivieren wollen, können wir an Einstellungen und an Motiven ansetzen. Beide steuern Verhalten. Unsere Einstellungen sind dauerhaft und beziehen sich eher auf ganz konkrete Dimensionen. Motive hingegen entstehen häufig aus einer Mangelsituation. Die Befriedigung kann durch unterschiedliche Lösungen erfolgen. Wenn wir uns Ziele setzen, so sind diese meist bewusst und kognitiv. Motive sind eher emotional und affektiv und nicht immer bewusst. Sie wollen unmittelbar gestillt werden. Konkret heißt dies, dass Ziele nicht mit Motiven übereinstimmen müssen. Harte Disziplin führt noch lange nicht zum Erfolg, wenn die Motivatoren nicht auch auf das Ziel ausgerichtet sind.

Investitionen (im übertragenen Sinne) in die Zukunft müssen kalkuliert werden. Denken Sie dabei nicht lediglich an den kurzfristigen Preis, sondern überlegen Sie, welchen Wert Sie damit erzielen möchten. Welchen Preis müssen Sie dafür zahlen?

Einer Neugestaltung des alltäglichen Verhaltens sollte ein Abwägen der Vor- und Nachteile im Sinne einer persönlichen Kosten-Nutzen-Analyse vorangehen, und zwar unter Einbeziehung der Erwartungen an die Zukunft. Jemand, der sagt, dass er besser mit Belastungssituationen umgehen will, in Wirklichkeit aber so lebt und arbeitet wie bisher, wird seine Belastungen nicht bewältigen und sein Verhalten nicht ändern – da hilft auch keine Anmeldung zum Yoga-Kurs. Wer sich nicht aus den gewohnten Grenzen der Komfortzone bewegt und den Preis nicht zahlen will, wird sich nicht weiterentwickeln können. „Wasch mir den Pelz, aber mach mich nicht nass" – das funktioniert eben nicht.

Wichtig ist, nicht an sich selbst zu zweifeln. Bei der Umsetzung der Vorsätze kann es sein, dass man wieder in alte Verhaltensmuster rutscht. Lassen Sie sich durch Rückschläge nicht entmutigen. Werten Sie eine Nichterreichung Ihres Ziels nicht als eine persönliche Niederlage.

Gerade bei „Rückfällen" ist es wichtig, noch einmal genau zu überprüfen, ob man auch davon überzeugt ist, dass sich der Aufwand für einen selbst wirklich lohnt. Arbeiten Sie an der Überzeugung, dass Sie es schaffen werden, Ihre Ziele zu erreichen. Der Glaube an das Ziel vergrößert bereits Ihren Aktionsradius. Erinnern Sie sich stets an die langfristigen Vorteile.

Im Spannungsfeld zwischen Festhalten und Loslassen

Viele Menschen können abends nicht gut abschalten und ganz allgemein nicht gut loslassen. Manche Menschen haben sich durch überzogene Ansprüche und zu hoch gesetzte Ziele selbst zu viel Druck gemacht, was sich beispielsweise durch nächtliches Zähneknirschen manifestieren kann. „Wenn wir die Energie, die wir nachts in unseren Betten verknirschen, in die Arbeit stecken würden, hätten wir in Deutschland keine Produktivitätsprobleme" – so ein Coaching-Klient zu seinem Knirschproblem.

Das nächtliche Knirschen mit den Zähnen ist ein Ausdruck des Festbeißens an den Problemen und wirkt auf komplexe Weise auf den Gesamtorganismus zurück. Es geht häufig einher mit weiteren Symptomen wie Kopfschmerzen, Schwindel, Tinnitus, Depressionen, Schlaflosigkeit, Hauterkrankungen und Rückenschmerzen. Unter anderem A. C. Fonder konnte diesen Zusammenhang in umfangreichen Studien belegen. In dem Moment, in dem die Ursache für das Problem im Kiefergelenk bearbeitet wurde, besserten sich auch die anderen körperlichen Probleme. Der Körper reagiert mit komplexen Ausprägungen von Dysfunktionen. Zahnärzte arbeiten deshalb erfolgreich mit Cranio-Sacral-Therapeuten und Orthopäden zusammen, da es diese Zusammenhänge zwischen Zahnproblemen, Kopfschmerzen, Wirbelsäulenschmerzen und Hüftgelenkproblemen gibt. Durch einen solchen interprofessionellen und integrativen Behandlungsansatz lassen sich die unterschiedlichen Betrachtungswinkel von Schul- und Arbeitsmedizin sowie komplementären Verfahren effektiv kombinieren.

Durch die Stärkung der Eigenverantwortung des Einzelnen und die Förderung seiner Selbstheilungskräfte wird der Fokus nicht auf die Bekämpfung der Krankheit, sondern auf die Förderung von Gesundheit gelegt.

→ Übung: Überprüfung der Selbstgefährdung

→ *Wie perfekt bin ich?*

→ *Wie gut kann ich loslassen?*

→ *Kann ich mich in die Arbeit festbeißen?*

→ *Wie viel Biss braucht es, um erfolgreich zu sein?*

→ *Knirschen Sie nachts mit den Zähnen?*

→ *Beiße ich mich in Problemen fest?*

→ *Was könnte helfen, damit es anders wird?*

→ Übung: Hinterfragung eigener Lebensmuster

Was hat Sie im Leben wirklich weitergebracht?

_____

_____

Worauf wollen Sie in Zukunft verzichten?

_____

_____

Verhalten lässt sich ändern, indem wir die Dinge loslassen, die uns bisher eher geschadet haben. Das gilt auch für Wertvorstellungen und erst recht für „andressierte" Verhaltensweisen (wie wir sie beispielsweise in vielen „andressierten" Höflichkeitsformen finden). Hier ein paar mögliche Loslass-Beispiele, die Sie beliebig ergänzen und verändern dürfen:

→ Meine bisherigen Erwartungen – Je höher die Erwartungen, desto größer die Enttäuschung.

→ Meine Jammerparaden – Je ausgeprägter das Jammern, desto geringer das Lebensvergnügen.

→ Meine Selbstzweifel – Je stärker die Zweifel, desto geringer der Mut.

→ Meine Ängste – Je größer die Angst, desto geringer die Weiterentwicklung.

→ Meine Schuldgefühle – Je höher die Schuldgefühle, desto stärker die Lähmung der eigenen Weiterentwicklung.

→ Meine Ungeduld – Je stärker die Ungeduld, desto geringer die Gelassenheit.

→ Meine Wut – Je stärker die Wut, desto höher die gestaute Energie.

→ Meine Traurigkeit – Je mehr Traurigkeit, desto geringer die Chance auf Glücklichsein im Hier und Jetzt.

→ Mein Misstrauen – Je mehr Misstrauen, desto weniger Vertrauen.

→ Mein angepasstes Bravsein – Je mehr Höflichkeit, desto weniger Authentizität.

→ Mein Anspruch, immer zu funktionieren – Je höher dieser Anspruch, desto geringer die Möglichkeit, mir selbst zu entsprechen.

→ Meine Sehnsucht nach Anerkennung, Lob und Liebe (Please-me-Syndrom) – Je stärker diese Sehnsucht, desto geringer die Kraft für die eigenen Potenziale.

→ Meine Kontrollwut – Je stärker die Kontrolle, desto geringer die Leichtigkeit des Seins.

Was sind Ihre persönlichen Punkte?

→ **Aufspürfragen und Denkanstöße zur Selbstreflexion**

→ *Wann stehe ich mir (erfolgreich) selbst im Weg?*

→ *Was halte ich bisher fest?*

→ *Was hält mich fest?*

→ *Was will ich in Zukunft auf jeden Fall loslassen?*

→ *Wie kann ich die Handbremse (in mir) lösen?*

→ *Was würde wohl passieren, wenn ich die Handbremse einfach lösen würde?*

→ *Was beflügelt mich?*

→ Erlaubnisgeber zur Burnout-Prophylaxe

! *Ich darf mir eine Umgebung schaffen, in der ich mich wohlfühle.*

! *Ich erlaube mir, Einfluss zu nehmen, damit die Dinge so laufen, wie es mir guttut.*

4.8 Ent-Wicklung trotz(t) Burnout –
Sich neu und anders erfinden

„Es ist nicht das Ziel, der reichste Mensch auf dem Friedhof zu sein." (Sir Peter Ustinov / 1921–2004)

In dieser Phase wird angestrebt, die eingeleitete Weiterentwicklung durch Stabilisierung des neuen Verhaltens beizubehalten, in seinem Element zu sein, durchzuhalten und das Neue mit Spaß und Gelassenheit im eigenen Tempo zu festigen. Dies zu tun, bedeutet, alte Verhaltensmuster bewusst zu verlassen und sich neu und anders auszuprobieren. Es darf anders gehen.

Die neuesten Erkenntnisse aus der Neurobiologie verdeutlichen, dass sich der Mensch ständig neu erfindet. Veränderung findet permanent statt. Es erfolgt eine Anpassungsreaktion auf einen von außen kommenden Reiz. Der Mensch hat den Vorteil, dass er eine bewusste Entscheidung treffen kann und wählen darf. Darf es im Leben auch anders gehen, anstatt nur zu funktionieren? Ja klar. Jeden Tag ganz und einfach. Und anders. Die Entscheidung liegt immer bei Ihnen – im Einklang mit sich selbst. Beispiele hierfür könnten sein:

→ Wenn Sie sich die Erlaubnis geben, ab sofort nicht mehr alles und jeden kontrollieren zu müssen, sondern einfach mehr loszulassen und sich und den Kollegen zu vertrauen, könnten aus Sorgenfalten Lachfalten werden.

→ Wenn Sie heute beschließen, dass es Ihnen ab sofort keinen Spaß mehr macht, viele Abende abgeschlappt und konsumierend vor dem Fernseher zu verbringen, können Sie einfach die Entscheidung treffen, heute Abend nicht fernzusehen und stattdessen mal wieder laufen zu gehen.

→ Wenn Sie jetzt entscheiden, dass Sie sich als wichtigsten Menschen Ihres Lebens erachten, dann könnte das Auswirkungen auf die Außenwelt haben. Vielleicht sind plötzlich die Kollegen viel netter.

→ Wenn Sie aufhören, dauernd an sich selbst und an den Umständen herumzunörgeln, sieht die Welt vielleicht ganz rosa aus.

→ Wenn Sie sich wirklich bewusst entscheiden, sich nicht mehr aufzuregen, sondern zu akzeptieren, dass die Welt so ist, wie sie nun mal ist, wird alles viel leichter gehen.

Je kleiner die Schritte und je konkreter die Ziele sind, desto eher geschieht das Verlassen der ach so bequemen Komfortzone. Es hilft, auch im Alltag kleine Schritte zu üben und auszuprobieren, Dinge bewusst zu verändern. Man kann mit einfachen Verhaltensweisen beginnen und die Zähne statt mit der linken Hand einfach mal mit der rechten Hand putzen; man kann darauf verzichten, mit dem Auto zum Büro zu fahren, wenn man es nur aus Bequemlichkeit tut, und mal aufs Fahrrad umsteigen; jeder kann und sollte sich die kleinen Dinge selbst suchen, mit denen er beginnt, sich zu „bewegen".

Fallbeispiel

Gründlich emotional entkernt und mit entschlacktem Körper kehrt *Gerd Sonniger* aus einer psychosomatischen Klinik zurück, wo er nach dem Nervenzusammenbruch einige Zeit verbracht hat. Die permanente Verfügbarkeit durch das mobile Telefon und die Dringlichkeit seiner E-Mails hatten ihn seelisch zerrüttet und emotional mundtot gemacht.

Als er vor knapp einem Jahr seinen neuen Job bei einem jungen Start-up-Unternehmen in der Branche der regenerativen Energien angenommen hatte, war ihm der Himmel auf Erden versprochen worden. Ein junges Unternehmen mit flachen Hierarchien, kreativen Karrieremöglichkeiten und der Möglichkeit, sich komplett einzusetzen. Das entpuppte sich jedoch als Achterbahnfahrt der Gefühle und war nach knapp sieben Monaten mit der Unterschrift unter dem Aufhebungsvertrag zu Ende gegangen.

Nach einem Schwächeanfall, einem Bandscheibenvorfall und dem dritten Hörsturz in Folge war Gerd Sonniger klar geworden, dass es so nicht weitergehen konnte. Er fühlte sich wie auf einem „High-Speed-Karriere-Katapult" und empfand seinen Zusammenbruch als emotionalen Totalschaden. Ein Ausstieg aus dem Beruf schien ihm jedoch viel zu früh und er wollte nicht stempeln gehen, sondern sein Leben eigenverantwortlich und selbst in die Hand nehmen.

Während des Aufenthalts in der psychosomatischen Klinik lernte er langsam wieder, sich selbst zu spüren. „Seelisch war ich wie verdurstet", sagt er beim Blick zurück auf den Scheiterhaufen seiner damaligen Karriere. „Ich habe ein völlig anderes Leben begonnen." Der vormals zahlenfixierte, effizienzorientierte, kühl kalkulierende Macher hatte sich selbst verloren – und nun wieder zu sich selbst gefunden.

Wachstumsmäßig hat Gerd einen Quantensprung gemacht. Das bedeutete auch, einen Prozessmusterwechsel zu betreiben. Es ging nicht mehr um den Plan A nach dem Schneller-höher-weiter-Syndrom, sondern darum, einen Plan B im Einklang mit ihm selbst zu entwerfen. Er hat seine alten Muster hinterfragt und kam so auf einer neuen Stufe der persönlichen Weiterentwicklung an. Dazu hat er seine Lebensziele neu definiert. Heute lebt er nach seinen ganz eigenen Vorstellungen und Wertmaßstäben. Es geht für ihn nicht mehr darum, der Letzte im Büro zu sein und für alle ein Ohr zu haben, sondern nach seinem ganz eigenen Rhythmus leben und arbeiten zu können.

Wo geht die Reise hin – wo soll sie hingehen?
Das ist immer wieder die entscheidende Frage. Gemeint ist natürlich nicht das Urlaubsziel, aber das Verhalten bei der Urlaubsplanung ist betrachtenswert. Viele Men-

schen investieren für die Urlaubsplanung viel Zeit, besorgen reichlich Unterlagen und sichten diese – und sind dann am Ende maximal drei Wochen im Urlaub. Das ist ein bemerkenswertes Aufwand-Nutzen-Verhältnis. Doch wie viel Zeit investieren wir, um unsere „Lebensreise" zu planen? Wie viel investieren wir für eine Reise nach innen, um uns selbst besser kennen zu lernen? Hier ist der Ansatzpunkt in dieser achten Phase – ausgehend von realistischen Zielen.

In seinem Element sein, statt zu vergleichen

Das ständige Vergleichen mit anderen ist Gift für die Seele, schadet unserem Selbstwertgefühl und lähmt die persönliche Weiterentwicklung.

Viele Menschen vergleichen sich ständig mit anderen. Ständig wird eine Wertung vorgenommen. Schnell wird über andere gerichtet. Dabei werden die Menschen in Schubladen gesteckt. „So ist das" – sagt der richtende Mensch. Das Einteilen in Gut und Böse ist in höchstem Maße gefährlich. Wenn wir das Leben nicht als eine Arena des Wettstreits sehen, in der der Stärkere gewinnt, sondern als ein kooperatives Feld gemeinsamen Wachstums, dann ist Platz für beide da. Es geht also nicht ums Isolieren und Separieren, sondern um Integrieren und Synthetisieren – um das Schaffen von Synergien.

Das Vergleichen führt zu Unzufriedenheit. Es bringt nichts, so sein zu wollen, wie andere sind, und dann womöglich noch neidisch zu sein, sondern man sollte akzeptieren, dass jeder einzigartige Gaben mit auf den Lebensweg bekommen hat. Diese gilt es zu entdecken. Seien Sie nicht wie andere, denn andere gibt es schon genug. Seien Sie, wie Sie sind. Echt und authentisch. Das Vergleichen führt immer zu einem Gefühl, nicht ausreichend gut zu sein, mindert den Selbstwert und erhöht den Druck.

→ **Übung**

Beantworten Sie sich folgende Fragen:

Was sind meine persönlichen Stärken?

_____

_____

Was fällt mir leicht?

_____

_____

Was macht mir wirklich Spaß?

_____

_____

Welche Umgebung passt zu mir?

_____

_____

In welchem Element bin ich zuhause?

_____

_____

Wann bin ich in meinem Element?

_____

_____

_____

Wie fühlt sich das an?

_____

_____

In Ihrem Element zu sein, ermöglicht Ihnen die Startrampe in die persönliche Weiterentwicklung. Ein Fisch ist im Wasser in seinem Element, ein Maulwurf in der Erde, ein Adler in der Luft. Ein kreativer Visionär vielleicht in der Umgebung einer Abteilung, in der Neues erfunden und entwickelt wird. Ein analytischer Denker womöglich eher in der Umgebung von Statistiken, ein auf Harmonie bedachter, wertegeleiteter Mensch eventuell in einer Umgebung, die mit Menschen zu tun hat. Und Sie?

Vertrauen, Erlaubnis und Mut

Vertrauen ist ein maßgeblicher Baustein für den Erfolg im Leben. Ohne Vertrauen wird kein Projekt auf Dauer erfolgreich sein. Eine von Angst geprägte Stimmung wird zwar zu einem Ergebnis führen – es wird aber um Längen schlechter sein als ein Ergebnis, welches durch Spaß und Lust befeuert wurde. Doch die maßgebliche Frage ist: Wie lässt sich Vertrauen gewinnen?

Seit der Schulzeit begleiten uns Sätze wie: *„Vertrauen ist gut – Kontrolle ist besser."* Damit wird ausgesprochen, dass Vertrauen eben nicht geschenkt wird. Da niemandem wirklich ge- und vertraut werden kann, muss immer kontrolliert werden. Mein Motto funktioniert genau andersherum: „Kontrolle ist gut – Vertrauen ist besser."

„Man gewinnt Vertrauen, indem man sich als vertrauenswürdig erweist", sagt eine Volksweisheit. Doch wer hat wirklich die Zeit dazu? Fakt ist, dass die Zeit einfach zu schnell rast, als dass man es wirklich schaffen können, sich Vertrauen bei seinen Kollegen zu verdienen. Daher muss es schneller gehen. Dazu braucht es einen (noch nicht verdienten) Vertrauensvorschuss. Eine Art Vertrauenskredit. Die Herausforderung dabei ist die folgende: Einen Kredit bekommt man gegen Zinsen und die Kreditsumme, das Vertrauen, wird sofort „ausgezahlt".

Genau darin liegt die Lösung der Vertrauensfrage. Wenn man nicht mehr kontrollieren muss, sondern wirklich Vertrauen schenken kann, geht alles viel leichter. Doch dazu müssen Sie Ihre alten Vorstellungen über Vertrauen und Kontrolle loslassen. In dem Moment, in dem Sie Vertrauen schenken, ist dies ein wunderbares Geschenk für Ihre Kollegen und Mitarbeiter. Sie werden es Ihnen mit Loyalität danken, weil Sie ihnen Verantwortung übertragen haben, bevor sie sich Verantwortung verdient haben. Vertrauen ist eine gute Investition in Führung und Mitarbeiterbindung.

Wem kann ich trauen und mit wem bin ich verbunden? Wenn wir uns wieder selbst (ver-)trauen, können wir eine eigene Vision unseres Lebens in Ankoppelung an eigenen Sinn und eigene Werte entwerfen. Die Zukunftsplanung setzt eine gute Portion Optimismus und das Vertrauen voraus, dass für uns gesorgt ist. Das heißt nicht, dass man gar nichts tun muss, sondern lediglich, dass man sich von seiner (Existenz-)Angst nicht hinunterdrücken lassen soll. Alles, was geschieht, ist eine Lernaufgabe für uns. Es ist an uns, damit gut umzugehen, damit wir uns mit den uns vom Schicksal servierten Umständen gut weiterentwickeln können.

Ihr persönliches Wertschöpfungswunder können Sie erreichen, indem Sie Vertrauen in sich selbst und in Ihre Stärken entwickeln. Der Ansatz fußt darauf, Ihre Stärken und Ihr Selbstwertgefühl nach einem Burnout wieder zu stärken und sie auf Basis der körperorientierten Prozessarbeit wieder an Ihren Lebenskern andocken zu lassen.

Viele Menschen haben nicht gelernt, sich selbst zu trauen und hören lieber auf andere. Doch anstatt immer nur zu funktionieren, geht es darum, das zu tun, was Sie schon immer tun wollten – sich aber bisher nicht getraut haben. Fangen Sie einfach an, sich selbst die Erlaubnis zu geben.

Folgende Erlaubnissätze könnten hilfreich sein:
> → Ich erlaube mir, meine Bedürfnisse klar zu artikulieren.
> → Ich darf „Nein" sagen.
> → Ich darf frech sein.
> → Ich darf mich zu meinen guten Seiten bekennen und meine Stärken herausstellen.
> → Ich erlaube es mir nachzufragen, wenn ich etwas nicht verstanden habe.
> → Ich darf mich selbst loben, denn Eigenlob stimmt.
> → Es ist gut, wenn ich aufhöre, wenn ich meine, dass es genug ist.

Manchmal sind es kleine Dinge, die uns das Leben schwer machen können und auch hier lernen wir aus dem ganz normalen Alltag. Neulich erzählte mir eine Klientin im Coaching, dass sie bei einem Elternabend in der Schule ihres Kindes schrecklichen Durst hatte, es aber nicht wagte aufzustehen, um sich in der Cafeteria etwas zu trinken zu holen, aus Angst oder dem schlechten Gewissen, dass „man" so etwas nicht tut. Die Quittung dafür, dass sie sich selbst nicht gut behandelt hatte, bekam sie prompt: Der Abend endete für sie mit fürchterlichen Kopfschmerzen. Dabei wäre es doch mit folgenden Erlaubnissätzen ganz einfach gewesen:
> → Ich darf etwas trinken, wenn ich Durst habe.
> → Ich erlaube mir, meinem Körper das zu geben, was er von mir verlangt.
> → Meine Bedürfnisse nehme ich ernst – und behandele mich selbst gut.

→ Seminarübung

Die folgenden Punkte lassen sich im Seminar diskutieren oder auch ganz still für sich beantworten.

Was wären zusätzlich sinnvolle Erlaubnissätze für Sie?

→ *Ich erlaube mir …*

_____

_____

→ *Ich darf …*

_____

_____

→ *Ich vertraue meinem Bauchgefühl, dass ich …*

_____

_____

→ Aufspürfragen und Denkanstöße zur Selbstreflexion

→ *Was ist meine Achillesferse, die Falle, vor der ich mich hüten sollte?*

→ *Welche meiner Eigenschaften möchte ich weiterentwickeln?*

→ *Welche Verhaltensweisen möchte ich hinter mir lassen?*

→ *Von welchen Gewohnheiten will ich mich verabschieden?*

→ *Welche meiner Talente habe ich noch gar nicht genutzt?*

→ *Wie kann ich es schaffen, dass ich es so mache, wie es für mich persönlich gut ist?*

→ *Was mache ich ganz konkret anders? Wo kann ich mir noch die Erlaubnis geben, Dinge zu tun, die ich mir bisher verkniffen habe?*

→ *Welche Strategien und Ressourcen habe ich, um mich besser durchzusetzen oder abzugrenzen?*

→ *Wovor kneife ich?*

→ *Wie ist es um meine Fähigkeit, „Nein" zu sagen, bestellt?*

→ *Wie werde ich gestaltungsfähig?*

→ *Wie setze ich es konkret um?*

→ *Mit welchen Maßnahmen erreiche ich meine Ziele am besten?*

→ Erlaubnisgeber zur Burnout-Prophylaxe

! *Ich darf mir selbst realistische Ziele setzen.*

! *Ich darf meine Lebensumstände so gestalten, dass ich mich in meinem Element fühle.*

! *Mir ist bewusst, dass das Wichtigste im Leben drei Dinge sind: Einatmen, ausatmen und weiteratmen.*

! *Ich erlaube mir viel mehr Abstand – zu den Dingen und zu mir selbst.*

! *Mir ist klar, dass ich dann wirklich bereit bin, etwas zu leisten, wenn ich sinnvoll und sinnstiftend arbeite.*

! *Ich darf die Dinge, das Leben und mich ausprobieren.*

! *Ich spüre meine verborgenen Fähigkeiten und Talente auf und erlaube mir, meine Stärken zu fördern.*

! *Ich vertraue meinen eigenen Impulsen.*

! *Ich darf mutig sein.*

! *Ich darf für mich selbst sorgen. Eine ausreichende Fürsorge mir selbst gegenüber tut mir sehr gut.*

4.9 Wege aus dem Burnout bei klinischer Manifestation

„Die wichtigste Zeit ist der Augenblick.
Der wichtigste Mensch ist der, mit dem wir es gerade zu tun haben.
Das wichtigste Gefühl ist die Liebe, mit der wir den Menschen begegnen."
(Meister Eckhart 1260 - 1328)

Bei manifestem Burnout mit ausgeprägter depressiver Verstimmung besteht eine klare Indikation für eine ambulante oder vollstationäre Therapie. Die Herausforderung ist, dass Burnout-Betroffene den Schweregrad ihrer Erkrankung und den Ernst der Lage unterschätzen. Eine weitere Herausforderung ist, dass etliche Betroffene ihren eigenen Zustand herunterspielen, um nach außen die Fassade wahren zu können. Sie reißen sich zusammen und versuchen, sich so wenig wie möglich anmerken zu lassen. Die Folge dieses Verhaltens ist, dass sie nicht zeitnah um Unterstützung bitten und sich weiter quälen. Es ist jedoch Vorsicht geboten, denn einige der Erkrankten sind möglicherweise selbstmordgefährdet. Daher ist es wichtig, unbedingt professionelle Hilfe in Anspruch zu nehmen. Wie zuvor bereits angesprochen, ist es wichtig, eine endogene Depression aus fachärztlicher Sicht von einem Burnout-Syndrom abzugrenzen.

Die gute Nachricht ist, dass sowohl Depressionen als auch manifeste Burnout-Fälle therapierbar sind. Dank hervorragender Forschung ist bekannt, dass gesundheitliche Störungen auf erworbene Fehlregulationen der Neurotransmittersysteme zurückzuführen sind. Ein Zuwenig oder Zuviel einzelner oder mehrerer Neurotransmitter führt zu einer andauernden Dysbalance zwischen anregender und dämpfender Aktivitätslage. Diese Dysbalance der individuellen Toleranzmechanismen wird durch die bestehenden Dauerstressbelastungen noch verstärkt. Das zentrale und periphere Nervensystem, das Endokrinium, Immunsystem und die Psyche bilden ein eng verwobenes und fein abgestimmtes Netzwerk, bei dem alle Stellglieder in einem ständigen Austausch miteinander stehen und sich gegenseitig über Signale beeinflussen. Hormone, Neurotransmitter, Neuropeptide, Mediatoren und Zytokine des Immunsystems tauschen sich wie Instrumente eines großen neuroendokrinen Orchesters ab. Man spricht auch von Psycho-Neuro-Endokrinologie. Psychische und physische Belastungen stören diese neuroendokrine Sinfonie und führen zu Anpassungsstörungen. Gefährlich sind die Dauerbelastungen, die zu schwer wiegenden Störungen und Krankheiten führen können. Erfahrende und auf dem Gebiet des Burnouts versierte Experten kennen moderne analytische Verfahren und können adäquate Therapieoptionen einleiten.

Im deutschen Gesundheitswesen ist der Weg zur Gesundung jedoch nicht immer einfach und für den Betroffenen verständlich. Erster Ansprechpartner ist meist der Hausarzt. In Zusammenarbeit mit der Krankenkasse oder privaten Krankenversicherung kann der Kontakt zu einem Psychotherapeuten, einem Psychologen oder einer Klinik hergestellt werden. Niedergelassene Hausärzte haben nicht immer ausreichend Zeit, um die Koordination der nächsten Schritte zeitnah und mit dem notwendigen Druck für den ihnen anvertrauten Patienten durchsetzen zu können.

Die Herausforderung sind zudem häufig Wartezeiten. Viele gute Psychotherapeuten sind überlaufen. Dementsprechend kann es etliche Wochen dauern, bis Patienten überhaupt einen Termin bekommen.

Als Therapieprinzipien kommen Pharmakotherapie, Psychotherapie und unterstützende Maßnahmen zur Anwendung. In ambulanten Verfahren werden meist folgende Methoden eingesetzt:

1. Verhaltenstherapie und systemische Psychotherapie.
2. Tiefenpsychologisch fundierte und psychoanalytische Psychotherapie.

Die Therapieverfahren können sowohl als Einzel- als auch in der Gruppentherapie durchgeführt werden. Bitte erkundigen Sie sich in Abstimmung mit einem Arzt Ihres Vertrauens, welche Methode die für Sie oder den Betroffenen bestmögliche ist.

Ein wichtiger Aspekt ist die Qualität der Kliniken. Es gibt sehr gute und weniger gute Krankenhäuser. Gute Institutionen sind meist auf lange Zeit ausgebucht. Leider sind die angewandten Verfahren für den Betroffenen nicht immer transparent und nachvollziehbar. Patienten haben mir nach Rückkehr aus einer Klinik, nach einem vollstationären Aufenthalt von circa vier bis zwölf Wochen berichtet, dass die Gruppenarbeit im vollstationären Bereich für die einen hilfreich, für andere eher wenig effektiv ist. Patienten treffen hier möglicherweise auch mit Patienten zusammen, die unter anderen Erkrankungen, wie zum Beispiel unter Angststörungen oder Psychosen, leiden.

Nicht jede Klinik bietet in ausreichendem Maße die Gelegenheit zu Einzelgesprächen mit erfahrenen und kompetenten Therapeuten an. Wichtig ist, dass sich Betroffene gut über die Klinik und deren Angebote informieren.

Da die Ausführungen zum Finden eines geeigneten Ansprechpartners den Umfang dieses Buches sprengen würden und auch nicht Thema für Weiterbildungen sind, möchte ich unter anderem auf professionelle Ansprechpartner bei Ärztekammern, Kassenärztlichen Vereinigungen, Krankenkassen, private Krankenversicherungen, Medizinforen, Psychologen, Kontakt- und Informationsstellen für Selbsthilfegruppen, Selbsthilfegruppen für seelische Gesundheit, Gesellschaften für Suizidprävention, Lebens- und Jobberatung sowie arbeitsrechtliche Experten verweisen. Die Qualität der Referenz soll hier nicht beurteilt werden. Sinnvolle Ansprechpartner sind neben Therapeuten, Kliniken und Krankenkassen möglicherweise auch Notfalltelefone, Gewerkschaften und Rechtsanwälte.

Nach einem Klinikaufenthalt geht es um einen professionellen Wiedereingliederungsprozess in den Berufsalltag, der den Bedürfnissen des Mitarbeiters und den Möglichkeiten des Unternehmens angemessen Rechnung trägt. Rückkehrgespräche und arbeitsrechtliche Veränderungen, zum Beispiel bei Reduzierung der Arbeitszeit oder Veränderung des Aufgabenspektrums oder Verantwortungsbereichs, müssen professionell vorbereitet und können durch Experten begleitet werden. Wichtig ist auch, dass die Betroffenen nach dem Klinikaufenthalt nicht wieder in alte Verhaltensmuster rutschen. Hierbei können erfahrene ärztliche Psychotherapeuten, Psychologen und Coaches hilfreich sein.

→ Zusammenfassung

Mithilfe verhalten-modifizierender Methoden und ganzheitlicher Re-Balancing-Integrationskonzepte kann ein Sinn-volles und der jeweiligen Person entsprechendes Leben nach eigenen Maßstäben neu belebt werden.

→ **Ent-Lastung** bedeutet, die Kupplung des Belastungsmotors zu treten und raus aus der Tretmühle der Ansprüche zu kommen.

→ **Ent-Täuschung** heißt, die Ist-Situation zu akzeptieren und die (Selbst-) Verleugnung zurückzunehmen. Erst ein tiefes Verstehen, Erfahren, Erspüren und Erfühlen ermöglicht die nächste Stufe.

→ **Ent-Deckung** bedeutet Bewusstmachen und -werden. Durch eine Neuorientierung, die eine Lebensvision auf Basis des eigenen Sinns und der eigenen Werte ermöglicht, ergeben sich neue Lebensperspektiven.

→ **Ent-Scheidung** ist die Vorbereitung des Behavioural Change.

→ **Ent-Faltung** bedeutet Handlung, Umsetzung und Integration. Nach der strategischen Planung können konkrete Maßnahmen aufgesetzt werden, die ein hohes Maß an Eigenverantwortung erfordern.

→ **Ent-Spannung** rundet die gemachten Schritte der Weiterentwicklung durch Entspannungsverfahren und Meditation ab. Sie hilft, präsent in der Jetzt-Zeit zu leben und körperlich, geistig und seelisch entspannen zu können und mit Spaß und Leichtigkeit wieder die Dinge tun zu können, die Ihnen entsprechen.

→ Bei klinischer Manifestation gilt es, eine echte Depression auszuschließen. Erkundigen Sie sich bei Experten nach erfahrenen Kliniken für den Fall einer vollstationären Therapie. Nach dem Klinikaufenthalt muss ein professioneller Rückkehrprozess aufgesetzt werden, der den Bedürfnissen und Möglichkeiten des Mitarbeiters und den Möglichkeiten des Unternehmens angemessen Rechnung trägt.

→ Resümee, Umsetzung, Transfer

1. Persönlicher Aktionsplan

Welches sind für mich die wichtigsten Erkenntnisse aus diesem Kapitel?

_____

_____

Wo, wann und wie werde ich diese in die Praxis umsetzen?

_____

_____

2. Notizen

Welche Wirkung möchte ich konkret für mich erzielen?

_____

_____

Worauf muss ich besonders achten?

_____

_____

3. Follow-up-Übung – die persönliche Evaluation

Bitte bearbeiten Sie diesen Bereich circa vier Wochen nach dem Seminar/Workshop bzw. nach Durcharbeiten dieses Kapitels.

Was ist mir bei der Umsetzung meines Aktionsplans besonders gut gelungen?

_____

_____

Was ist mir bei der Umsetzung meines Aktionsplans weniger gut gelungen?

_____

_____

Was waren die Hindernisse?

_____

_____

Welche Erkenntnisse gewinne ich daraus?

_____

_____

5 Die Burnout-Firewall

„Sieh eine Sanduhr: Da lässt sich nichts durch Rütteln und Schütteln erreichen, du musst geduldig warten, bis der Sand, Körnlein um Körnlein, aus dem einen Trichter in den anderen gelaufen ist." (Christian Morgenstern)

Wenn wir Burnout als eine Erkrankung des eigenverantwortlichen Individuums und als Krankheitssymptom eines kranken Unternehmens und einer kranken Gesellschaft betrachten, dann kommt der Prophylaxe und Prävention von Burnout-Situationen eine große Bedeutung zu. Diese hat Auswirkungen auf die Profitabilität der Unternehmen.

Sicher lässt sich keine „Immunität" der Seele gegen emotionale Krisenzeiten erreichen und kein „Allheilmittel" gegen die Auswirkungen eines schon eingetretenen Burnouts finden. Sondern das Ziel kann nur sein, Erschöpfungssituationen zu erkennen, ihnen vorzubeugen und wenn sie doch eingetreten sind, ihnen zu begegnen und am Ende gestärkt daraus hervorzugehen. So wird erreicht, dass das Burnout keine Angriffsfläche mehr bekommt.

5.1 Dranbleiben statt drin stecken bleiben

Der Brandschutz ist ein wichtiger Bestandteil der Burnout-Prävention, um zu brennen, ohne auszubrennen. Dieser Teil des Buches befasst sich mit „schützenden" Faktoren zum gesunden Umgang mit sich selbst. Wichtig ist, aus der Vergangenheit zu lernen und Erschöpfungs-, Belastungs- und Stresssignale in Zukunft rechtzeitig zu erkennen und proaktiv präventiv tätig zu werden.

Persönliche Verhaltensmuster zu verändern ist nicht so leicht, denn eingeschliffene Muster sind stark. Sie können aber lernen, es sich durch effektive Methoden einfach und leichter zu machen: Bei guten Vorsätzen reicht die Absicht, etwas ändern zu wollen, häufig nicht aus, da die Umsetzung nicht konkret erfolgt. Forscher nennen dies die Intentions-Verhaltenslücke. Um diese zu schließen, bieten sich ganz konkrete Umsetzungspläne der Vorsätze auf Basis von „Wenn-Dann-Regeln" an. Wissenschaftler nennen dies „Implementation Intentions". Durch die Benutzung der „Wenn-Dann-Regeln" kommt es nach Erfahrungen von Peter Gollwitzer zu einem Automatismus der realistischen Umsetzung.

Ein Beispiel für eine Regel, die sich aufstellen ließe: „Wenn ich eine anstrengende Besprechung hatte, gönne ich mir eine fünfminütige Auszeit."

Überlegen Sie sich bitte, was Sie sich vornehmen wollen. Seien Sie dabei ganz konkret. Überlegen Sie sich auch Hindernisse, die Sie davon abhalten könnten, Ihr Vorhaben umzusetzen. Formulieren Sie dazu auch eine Wenn-Dann-Regel. Ein Beispiel: „Wenn sich nach der ersten Besprechung eine weitere nahtlos anschließt, gönne ich mir anschließend einen fünfzehnminütigen Spaziergang." Schreiben Sie die Wenn-Dann-Regeln auf. Das hilft.

→ Übung

Um an mir und meinen Veränderungswünschen dranbleiben zu können, stelle ich für mich folgende Wenn-Dann-Regeln auf:

Wenn …

_____

dann …

_____

Wenn …

_____

dann …

_____

Wenn …

_____

dann …

_____

Um im ganz alltäglichen Leben zu brennen, ohne auszubrennen, sind folgende Übungsaspekte wichtig:

- → Ressourcen steigern – Was hilft mir ganz konkret, um genug Energie zur Verfügung zu haben?
- → Abstand schaffen – Was unterstützt mich dabei, Abstand zu gewinnen und diesen auch einzuhalten?
- → Wahrnehmung schärfen – Was kann ich tun, um besser wahrnehmen zu können, was genau jetzt ist?
- → Perspektivenwechsel – Wie könnte der potenzielle Nachteil einer Belastungssituation in Zukunft für mich ganz konkret reduziert werden, und sei es nur um wenige Prozent?
- → Imagination – Wie würde sich eine von mir sehr geschätzte Person in einer solchen Situation verhalten?
- → Kooperation – Wer in meinem Umfeld könnte mich am besten unterstützen?
- → Kommunikation – Wie könnte ich das Thema bewusst an- und aussprechen?
- → Selbstwirksamkeit steigern – Welche praktische Erfahrung ermutigt mich, dass ich die Dinge, die ich mir vornehme, auch konkret umsetze?
- → Dranbleiben statt drinstecken – Wie bleibe ich mit gesundem Abstand an mir selbst dran, anstatt angestrengt und hektisch in Details stecken zu bleiben?

Langfristig ist es eine wichtige Aufgabe, immer wieder den notwendigen Abstand zu uns selbst, zu anderen Menschen, zu unseren Aufgaben und der Arbeit zu erhalten. Dadurch lässt sich vorbeugen, dass sich das Spannungsfeld zwischen eigenem Anspruch, äußeren Anforderungen und mangelnder Abgrenzungsfähigkeit weiter verschärft. Ziel ist es, nicht weiter in den Alltagsstrudel hineinkatapultiert und zum hilflosen Opfer des Tages zu werden. Das Herstellen des notwendigen Abstands ist entscheidend für ein Andocken an uns selbst und so auch für den Umgang mit Belastungssituationen, die in ein Burnout münden könnten. Das Aufsetzen von proaktiven Präventionsmaßnahmen und das Anwenden praktischer Coping-Techniken haben das Ziel, in Zukunft mit derartigen Situationen besser umzugehen und zu lernen, eine Balance von Körper, Seele und Geist aufzubauen, indem wir lernen, eigenverantwortlicher, effektiver, prozessorientierter, lebensnaher und sinnvoller mit Stress und Belastungen umzugehen. Der Neubeginn ist jetzt – von hier an darf es ganz und anders weitergehen.

Die persönliche Balance im Sinne einer Work-Life-Integration soll so optimiert werden, dass es zur Arbeit einen optimalen Ausgleich gibt. Mit einem Flügel – lediglich der Arbeit – kann man nicht fliegen. Durch Prävention und Entspannung sinkt der stressbedingte Affektstau. Dem neuen Selbstwertgefühl werden so Flügel verliehen.

Nach den acht Schritten ist die Einleitung der eigenen ganz konkreten Wachstumsstrategie zu neuen Sichtweisen und neuer Lebenskraft gefordert. Sie dürfen sich entfalten und eigene Werte im eigenen Rhythmus finden. Der große Wurf gelingt in klitzekleinen Schrittchen.

In der ganz eigenen Zeit soll eine neue Lebensführung auf Basis einer neuen Strategie entwickelt werden, konkrete Maßnahmen sollten aufgesetzt und erste Schritte in den neuen Räumen zu gehen gelernt werden. Das Gelernte muss umgesetzt und und integriert werden. Nach und nach soll die eigene Schwingungsfähigkeit wiederhergestellt, der eingeschränkte Aktionsradius vergrößert werden und es sollen konkrete Schritte zur lebendigen Ganzheit und Eigenverantwortung gegangen werden.

WIRKLICH VON EINER SACHE FASZINIERTE MENSCHEN FOLGEN IHREN TALENTEN UND MÖGLICHKEITEN. SIE TUN DAS, WAS ZU TUN IST, UND ÜBERSCHREITEN IHRE ALLTAGSBEFINDLICHKEIT. WIRKLICHE FASZINATION IST ANSTECKEND – OHNE RISIKEN UND UNERWÜNSCHTE NEBENWIRKUNGEN.

In Bewegung kommen

Wichtig ist, nicht nur den Plan dazu zu entwerfen, sondern mit dem Machen ganz konkret anzufangen. Am besten heute noch. In ganz kleinen Schritten. Wichtig ist in Bewegung zu kommen, denn aus der Starre ist es schwieriger zu beginnen. Der Schwung einer Bewegung lässt sich hingegen sinnvoll nutzen. Ziel ist es, in Schwung zu bleiben. Das funktioniert im übertragenen Sinn wie im Sport – man fährt z.B. mit dem Fahrrad einen Berg viel leichter hoch, als dies aus dem Stand möglich ist. Ziel ist es, aus der Lähmung, der Erschöpfung herauszukommen und die Starre zu durchbrechen. Das Machen bringt in Schwung. Aus der Bewegung lassen sich dann auch Sprünge machen. Die Lebenslust ist ein guter Antrieb, um sich zu bewegen.

Konflikt- und Problemlösung

➜ Techniken
➜ Instrumente
➜ Enttäuschungen aufdecken
➜ „Fair-stehen"

Aufmerksamkeit, Klarheit

➜ Aktion „freier Kopf"
➜ Bewusstes Denken und Entscheiden
➜ Kognitives Neubewerten

Positiver Dreh

➜ Wie löse ich das Problem?
➜ Umdenken
➜ Proaktives Handeln
➜ Realität durch Möglichkeitsbewusstsein erweitern

Selbstmanagement

➜ Projekt- und Prozessmanagement
➜ Planung
➜ Umgang mit Zeit/Zeitmanagement
➜ Priorisierung nach Wichtigkeit
➜ Rollenverständnis/Balance
➜ Change Management / Wandel / Transformation
➜ Weniger ist manchmal mehr
➜ Ordnung
➜ Erwartungen
➜ Kompromissfähigkeit
➜ Integration nicht gelebter Anteile

Ziele

➜ Kurzfristig
➜ Mittelfristig
➜ Langfristig
➜ Lebensziele

Gelassenheit

→ Abschied vom Perfektionismus
→ Sich selbst und die Situation nicht zu ernst nehmen
→ „Es ist, wie es ist"

Entspannung und Ruhephasen

→ Auszeiten
→ Ich-Bereich stärken
→ Techniken nutzen

Körper-Balance

→ Ernährung
→ Sport und Fitness
→ SOS-Warnsignale beachten

COPING- UND BEWÄLTIGUNGS-STRATEGIEN

Wünsche, Bedürfnisse, Potenziale, Präferenzen

Sinn

→ Leben
→ Standortbestimmung
→ Stressinventur
→ Integrative Perspektive
→ Was zählt wirklich?
→ Besinnung
→ Werte

Kommunikation

→ Vernetzung
→ Interaktion
→ Informationsfluss
→ Verhalten
→ Interdependenz
→ Miteinander

ZIELE

**Eigenverantwortlicher
Effektiver
Prozessorientierter
Lebensnaher
Sinnvoller**

Umgang mit Stress in Balance von Körper, Seele und Geist

Was fasziniert Sie wirklich und macht Ihnen Spaß? Worauf haben Sie Lust? In welchen Situationen sind Sie mit sich im Einklang? Wann haben Sie zuletzt so richtig herzhaft gelacht? Wann haben Sie das letzte Mal so richtig Quatsch gemacht? Wann verspüren Sie das Gefühl von Flow? Wie lange ist es her, dass Sie so richtig getanzt haben? Ich meine nicht links, rechts, schließen – wie einst in den verstaubten Tanzschulkursen. Sondern ich spreche vom Gefühl des Abhebens. Kennen Sie den Song „Jump!" von Van Halen? Diese Musik lässt niemanden cool auf dem Sessel hocken. Wie wäre es also mit einem Tanzworkshop, der Ihrer Lebenslust auf die Sprünge hilft? Einem Abtanzball, der diesen Namen wirklich verdient? Tanzen zu lernen, ist eine ganzheitliche Bildung durch den Körper und vereint in besonderer Weise zwei Grundbedürfnisse des Menschen: Selbstausdruck und Wachstum beziehungsweise beschwingte Lust.

Dabei geht es auch darum, sich selbst wieder zu spüren. Mit Leidenschaft. Bei dieser Art des In-Verbindung-Seins mit sich selbst kann Energie aufgetankt werden, weil wir eins sind mit der Lebendigkeit. Hier ist Raum für Passion und Inspiration.

5.2 Die Rolle der Unternehmensgesundheit

Vor Jahren erschien ein Artikel in einer englischen Wirtschaftszeitung mit der Überschrift: „Cold comfort" (Lucy Kellaway, Financial Times, 20. Januar 2003), dessen Tenor lautete: Wer wegen einer Erkältung nicht zur Arbeit kommt, bei dem muss etwas mit seinem Job nicht stimmen. Die Auswirkungen von schlechter Führung zeigen sich in gesundheitlichen Problemen und ökonomischen Problemen. Doch die Studien in Top-Führungsetagen sprechen eine andere Sprache. Hierbei wird deutlich, dass die Organisation der Patient ist und nicht das Individuum als Mitarbeiter. Der Mitarbeiter ist der Symptomträger des Burnouts innerhalb einer Organisation. Dem Unternehmen kommt eine wichtige Funktion zu, wenn es um die Vermeidung von Burnout geht. Ziel muss es sein, eine gesunde Organisation zu etablieren.

Im internationalen Gesundheitsmanagement hat sich der Fokus der Unternehmen in den letzten Jahren verändert. Der Aspekt der Verbesserung der Unternehmensgesundheit durch Einsatz des betrieblichen Gesundheitsmanagements, die Auswirkungen präventiver Elemente und konkreter Maßnahmen der Gesundheitsförderung haben an Aufmerksamkeit gewonnen. Und diese beginnt in der Führungsetage. International ist das Thema Corporate Health bereits erkannt worden. Gesundheit ist eine Führungsaufgabe.

In Deutschland erkennen immer mehr Unternehmen den Nutzen eines funktionierenden Gesundheitsmanagements. Es gibt einen direkten Zusammenhang von Gesundheit und Produktivität. Nur gesunde Mitarbeiter können eine hohe Arbeitsproduktivität erzielen. Jedoch wird der Prävention noch zu wenig Bedeutung beigemessen, da sich die Erfolge erst mittel- und langfristig auswirken. Nicht zuletzt die steigende Zahl der Verschreibung von Antidepressiva und sich mehrende Arbeitsunfähigkeitsbescheinigungen belegen die gesundheitsökonomische und gesundheitspolitische Brisanz für die Unternehmen. Eine von TNS Emnid durchgeführte Umfrage von Dezember 2010 verdeutlichte, dass sich über zwölf Prozent aller Beschäftigten in Deutschland arbeitsmäßig überfordert fühlten.

Das Zusammenwirken persönlichkeitsgetriggerter Faktoren, wie zum Beispiel Perfektionismus, überhöhte (Selbst)-Erwartungen, und der Bedingungen im Arbeitsalltag, wie zum Beispiel Arbeitsverdichtung, zunehmender Druck und erhöhte Ziele, führen zu einer gefährlichen Mischung aus Selbstverbrennung und Zermürbung. Bei der Zermürbung empfinden sich die Betroffenen als Opfer ihrer Umstände.

Durch die Globalisierung und neue IT-Werkzeuge wurde das Stressniveau durch ständige Erreichbarkeit und immer schnellere Antwortzeiten enorm erhöht. Die Arbeitsverdichtung und die Komplexität sind gestiegen. Der Druck und die Verantwortung jedoch auch. In der Harris Studie 2005 wurden Konzerne mit mittelständischen Unternehmen verglichen. Hierbei wurde deutlich, dass die Leistungsbereitschaft der Mitarbeiter nicht mit der finanziellen Vergütung korreliert. Andererseits kam heraus, dass die Beeinflussung verhaltensbedingter Fakten, wie Ernährung, Bewegung und Stressbewältigung, eine wichtige Rolle spielt.

Wenn wir davon ausgehen können, dass das Unternehmen oder die Organisation der Patient ist, ist es notwendig, eine ursachenorientierte Diagnostik und Therapie einzuleiten, um Burnout in Unternehmen vermeiden zu können. Doch hierzu ist es wichtig, dass Firmen lernen, dass Gesundheitskapital ein Rohstoff für den Unternehmenserfolg ist. Die immateriellen Fakten belegen dies. So wie wir betriebswirtschaftlich die Finanzwerte messen können, ist es wichtig, das „Sozial- und Gesundheitskapital" messbar zu machen. Das Sozialkapital ist der „Kitt", der die Mitarbeiter und die Teams in den Unternehmen zusammenhält. Die kollektive Leistungsfähigkeit nimmt durch Konflikte in Betrieben ab. Maßgebliche Messparameter sind Fluktuation, Unfälle, Krankheitstage und Arbeitszufriedenheit. Daher sind das Wohlbefinden und die Gesundheit der Mitarbeiter strategisch wichtige Aufgaben für Unternehmen und die Menschen, die Firmen oder Organisationen leiten.

Die Entstehung von Organisationskrankheiten, wie Burnout und Mobbing, lassen sich durch gelebte Werte und eine Investition in gesundes Führungskapital beeinflussen. Der Aspekt der Führung bedeutet auch, Resonanz zu erzeugen. Dem Umgang mit Konflikten in den Teams kommt eine wichtige Bedeutung zu. Die Güte der sozialen Bindungen und die Konfliktkultur innerhalb der Unternehmen sind ein wichtiges Netzwerkkapital, das nicht verletzt werden darf. Das Ausmaß der Mitarbeiterorientierung ist ein wichtiger Parameter in der kollektiven Dimension des Unternehmens. Und auch dann, wenn die Individualisierung der Menschen immer stärker wird. Wenn dem Wohlbefinden im Unternehmen im Sinne des „sozialen Fits" eine angemessene Bedeutung gegeben wird, kann auch verstanden werden, dass das Zusammengehörigkeitsgefühl die Arbeitsleistung direkt beeinflusst. Zerrüttete Beziehungen in einer Abteilung, wie zum Beispiel durch Mobbing und Intrigen, führen langfristig zum Burnout und senken die Produktivität. Die Arbeitszufriedenheit ergibt sich aus dem Sinn der Arbeit, dem kollektiven Miteinander, dem Spaß an der Arbeit und dem Führungskapital. Das Vertrauen in Vorgesetzte und Mitarbeiter ist ein präventiver Schritt in die Vermeidung von Burnout und psychosomatischen Beschwerden.

Wenn Unternehmen die Gesundheit ihrer Mitarbeiter für wichtig erachten, trägt dies zum Gelingen einer Unternehmung bei und steigert die Leistungsfähigkeit und die Leistungsbereitschaft der Mitarbeiter. So stellen auch Unternehmen die Weichen in Richtung Wertschöpfung oder Wertschröpfung.

Etliche Unternehmen haben daran gearbeitet, dass das Stresspotenzial verringert wurde, haben Erholungszeiten durch Entspannung und Sport angeboten. Im Coaching konnte Mitarbeitern geholfen werden, sich von überzogenen Perfektionsvorstellungen zu verabschieden. Das ist gut, reicht aber nicht.

Für eine integrale Unternehmensgesundheit sind zusätzlich folgende Dimensionen wichtig, die sich auch konkret messen und nachhaltig beeinflussen lassen:
→ Gemeinsam gelebte Visionen, Überzeugungen, Werte und Regeln
→ Klarheit von Rolle, Verantwortung und Kompetenz
→ Sinnhaftigkeit und Verstehbarkeit der Arbeitsprozesse und Ziele
→ Gesunde Aufbau- und Ablauforganisation
→ Vertrauensvolle und unterstützende Beziehungen
→ Transparenz von Entscheidungen
→ Autonomie und Entscheidungsfreiräume für Mitarbeiter
→ Gesundheitsfördernde Arbeitsbedingungen
→ Wertschätzende Kommunikation und respektvoller Umgang miteinander
→ Mitarbeiterförderung und -Qualifikation
→ Gesundheit als Unternehmensziel
→ Vereinbarkeit von Beruf und Privat durch eine gesunde Balance zwischen beiden Bereichen

Im Dezember 2011 berichtete die Presse, dass VW für einige Gruppen von Tarifmitarbeitern einführte, dass der Server für E-Mails via Blackberry ab einer halben Stunde nach Dienstschluss abgeschaltet wird. Andere Firmen haben dazu freiwillige Regelungen getroffen. Das schützt Mitarbeiter, die sich ihre Arbeitszeit nicht flexibel einteilen können und zu festen Dienstzeiten tätig sind, davor, dass sie darüber hinaus unbegrenzt in Anspruch genommen werden können.

→ **Seminarübung**

→ *Tauschen Sie sich darüber aus, ob Schutzmaßnahmen in Ihren Unternehmen aufgesetzt wurden und wenn ja welche, damit Mitarbeiter nicht permanent erreichbar sind.*

→ *Gibt es Rituale in Ihrem Unternehmen zum Umgang mit Pausen und Stressbelastung? Welche?*

→ *Werden Pausenzeiten nach einem Meeting eingeplant?*

→ *Wird vor oder nach einem Meeting gemeinsam eine kurze Auszeit vereinbart, damit sich die Mitarbeiter sammeln können oder wird sogar gemeinsam meditiert?*

Fallbeispiel

Sabine Drücker war schon immer eine echte Vielschafferin. Seit über sieben Jahren arbeitete die 36-jährige Biologin in der Koordination der Vertriebsaktivitäten eines Chemieunternehmens. Nachdem sie zusätzlich noch die Leitung des weltweiten Nachhaltigkeitsteams koordinieren sollte, kniete sie sich noch mehr in die Arbeit hinein. Ihr Leben glich einem Kampf auf Leben und Tod, für den sie Tag und Nacht im Einsatz war. Termindruck, Zwänge, Änderungen in letzter Minute und sehr hohe Erwartungen – die ihrer Vorgesetzten, Kollegen und vor allem ihre eigenen.

Sie war immer und stets für jedermann erreichbar. Führte nachts um drei Uhr Telefonkonferenzen aus Neuseeland mit den Kollegen in Asien und den USA. Schließlich musste das Projekt ja vorangehen. Und irgendwie hatte sie das Gefühl, dass irgendeiner aus den höheren Etagen den Druck immer weiter erhöhte. Über 150 E-Mails pro Tag – und keine Zeit mehr zum Luftholen. Für Momente beneidete sie dann die Kollegen aus der Forschung am Max-Planck-Institut in Frankfurt, mit denen sie früher im Labor geforscht hatte, die abends zuhause im eigenen Bett schlafen konnten. Vor lauter Aufgaben hatte sie dabei keine Zeit für ihre Hobbys oder das, was ihr eigentlich früher – vor langer Zeit – Spaß gemacht hatte.

Wie ein Stein lag ihr die Arbeit schwer im Magen, weshalb sie durch ihren Internisten medikamentös behandelt wurde. Zudem hatte sie Angst, dass sie den Erwartungen im Job nicht mehr auf Dauer gerecht werden könnte. Müde schleppte sie sich jeden Morgen ins Flugzeug und strengte sich noch mehr an. Doch die immer öfter auftretenden Rückenschmerzen und Nackenverspannungen, die sie so sehr quälten, dass sie sich kaum mehr konzentrieren konnte, führten sie fast an den Abgrund. Es musste sich etwas ändern.

Sabine Drücker gibt uns ein Beispiel für jemanden, dessen Energie nahezu komplett verbraucht ist. Für sie ist es wichtig, die Alarmsignale ihres Körpers ernst zu nehmen, eine Pause einzulegen, Distanz zu schaffen und gezielt Aufgaben abzugeben – weniger ist manchmal mehr! Zudem ist es an der Zeit, zuerst an sich zu denken.

Beispielsweise junge Karrierefrauen Anfang 30 sind von dieser Situation stark betroffen. Wollen sie vorwärtskommen, erwartet man von ihnen, dass sie ihre Leistungsfähigkeit besonders unter Beweis stellen. Oft müssen sie dazu einen Rollenkonflikt zwischen beruflicher Brillanz und privaten Anforderungen vollziehen. Interessanterweise sind sie oft diejenigen, die auf dem Zenit ihrer Leistungsfähigkeit an die eigenen Grenzen stoßen. Die Erwartungen auf unterschiedlichen Gebieten sind nicht miteinander vereinbar. Eine Bilderbuchkarriere, viel Zeit für Kinder und zudem eine ausgewogene Beziehung zu haben, bleibt häufig ein unerfüllbarer Traum.

Workaholics trifft man immer häufiger in den Unternehmen, quer durch Sparten und Branchen. Der Druck steigt, Kommunikation vollzieht sich in immer kürzeren Zyklen. In Japan ist „Karoshi" – das Sich-zu-Tode-Arbeiten – verbreitet. Schlimm ist, dass Arbeitssüchtige nicht als Kranke gesehen, sondern als besonders leistungswillig und daher förderungswürdig eingeschätzt werden. Vielen Chefs sind diese Menschen die liebsten Mitarbeiter. Insbesondere flexible Arbeitszeiten führen dazu, dass überengagierte Menschen rund um die Uhr arbeiten – und denken, dass sie immer und zu jeder Zeit erreichbar sein müssen. Doch den immer verfügbaren Workaholics droht ein Burnout, wenn sie sich abrackern, ohne auf sich selbst und die eigene Gesundheit zu achten.

Nach außen wird vielfach noch das Bild des taffen Managers gezeigt. So höre ich häufig von Führungskräften im Coaching oder bei Seminaren: „Da muss man halt mal die Zähne zusammenbeißen" oder „Es geht hier nicht um Spaß" o.Ä. Je angespannter die Situation, desto zynischer und sarkastischer das Verhalten. Eine Führungskraft sagte in einem Workshop: „Work-Life-Balance ist etwas für Weicheier." Obwohl sich mittlerweile viele Unternehmen des Themas Balance angenommen haben, ist es immer noch geduldet (oder gar erwünscht), wenn ein Workaholic ein extremes Arbeitspensum ableistet. Im Gegensatz dazu wird möglicherweise jemand, der vertragsgemäß nach acht Stunden nachhause geht, als nicht leistungsorientiert abgewertet.

Derartige Bewertungen führen frühzeitig dazu, dass aus Angst die natürliche Pendelbewegung in eine Richtung gebremst oder gestoppt und ins Unterbewusstsein abgedrängt wird. Grundsätzlich haben wir beide Pole in uns, doch das Verbieten des natürlichen Rhythmus beraubt uns unserer Ganzheit – dies kostet Energie. Zudem führen die durch Erziehung etablierten Bewertungssysteme dazu, dass der Einzelne versucht – oft gegen seine eigene Persönlichkeit –, gewissen Idealen zu entsprechen. Die Unterdrückung einer Seite der Persönlichkeit, die zur Schattenseite erklärt wird – sozusagen zum schwarzen Schaf im Gehirn –, manifestiert sich dann als eine Störung der Ganzheit. Es fehlt der Ausgleich der Pendelbewegung. Wir düfen nicht über unseren Schatten springen, sondern müssen diesen als wichtigen Anteil unserer Persönlichkeit sinnvoll integrieren.

→ Seminarübung

Tauschen Sie sich aus:

- → *Wird Vielarbeit in Ihrem Unternehmen konkret angesprochen?*
- → *Wird offen über Vielarbeit diskutiert?*
- → *Wird über E-mail-Kultur und ständige Erreichbarkeit gesprochen?*
- → *Mit welchen Konsequenzen?*

Psychische Belastungen kosten die Unternehmen Geld

Der umrissene Zustand besteht, obwohl die Burnout-Situationen nicht nur die Betroffenen und ihre Familien belasten, sondern auch finanzielle Verluste in den Unternehmen bedeuten. Jeder Fehltag eines Mitarbeiters koste einen Betrieb bis zu 400 Euro, so die Schätzungen der Unternehmerverbände.

In Deutschland sind nach Einschätzungen einer Hamburger Krankenkasse etwa 1,5 Millionen Menschen im Alter von 18 bis 60 tablettenabhängig. Zwei Drittel davon sind Frauen. Interessanterweise ist die Anzahl der Depressionen und neurotischen Störungen bei Frauen nach Erhebungen des wissenschaftlichen Instituts der AOK höher als bei Männern. Die Medikamentenabhängigkeit ist im Vergleich zu anderen Süchten eher unauffällig, da sie für Außenstehende nur schwer zu erkennen ist. Die Dunkelziffer der Kosten durch dadurch ausgelöste Arbeitsunfälle, Arbeitsausfälle, Krankheiten, Demotivation und Mobbing ist sehr hoch. Die Häufigkeit von Mobbingopfern beläuft sich in Deutschland, vorsichtig geschätzt, auf 300.000; manche Studien sprechen gar von einer Million Opfern. Die Kosten, die der Gesellschaft durch die Folgen entstehen, sind enorm. Die Techniker Krankenkasse (TK) hat auf die Gesamtbevölkerung der Bundesrepublik Deutschland hochgerechnet, dass sich dadurch 18 Millionen Fehltage am Arbeitsplatz ergeben.

Die Allianz hat in einer Studie herausfinden lassen, dass Depressionen die Volkswirtschaft jährlich über 20 Milliarden Euro kosten, wobei die direkten Krankheitskosten nur fünf Milliarden betragen, der Hauptanteil jedoch auf den Präsentismus fällt. Gemeint sind die Kosten, die durch depressive Mitarbeiter am Arbeitsplatz, durch Fehler und nicht bewältigte Arbeit entstehen.

Die Untersuchungen der gesetzlichen Krankenkassen und privaten Krankenversicherungen machen deutlich, dass die Ausfallzeiten durch Krankschreibungen aus psychischen Gründen eindeutig auf dem Vormarsch sind. Mit durchschnittlich 22,5 Tagen liegen diese deutlich vor den Herz-Kreislauf-Erkrankungen (18 Tage) und den muskuloskeletalen Erkrankungen (15,8 Tage).

Veränderung der Unternehmenskultur

Leider fokussieren viele Unternehmen immer noch stark auf das, was Mitarbeiter falsch machen. Ziel dieser Unternehmen ist es, die Schwächen der Mitarbeiter „auszubügeln". Das Resultat ist, dass der Misserfolg etwas geringer wird. Der Blick auf die persönlichen Stärken jedoch würde dazu führen, dass die Erfolge deutlich zunehmen könnten, da die Mitarbeiter dann das machen würden, was ihnen wirklich liegt. Das Ergebnis der Princetoner Gallup-Studie 2008 machte deutlich, dass in Unternehmen der Fokus der Führungskräfte auf die Stärken des Mitarbeiters entscheidend für das Engagement des Mitarbeiters ist. Und das ist ausschlaggebend für den Erfolg eines Unternehmens! Und auch Ihres persönlichen Lebens.

Etliche Mitarbeiter berichten in Einzelgesprächen, dass ihre Arbeit nicht honoriert wird. Dabei geht es gar nicht primär um das Gehalt, sondern um die Anerkennung. Wissenschaftliche Ausdrücke sind Gratifikationskrise und Effort-Reward-Imbalance. Der Medizinsoziologe Johannes Siegrist von der Universität Düsseldorf hat diese Hypothese in Studien belegt. Hierbei stimmt das Verhältnis von Geben und Nehmen nicht. Demnach haben die Mitarbeiter, die sich sich extrem anstrengen, aber nicht die erwünschte Anerkennung erhalten, ein signifikant höheres Risiko, depressiv zu werden. Die Anerkennung bezieht sich auf Aspekte wie Gehalt, Wertschätzung, Respekt, Sicherheit und Beförderung.

Es ist wichtig zu verstehen, warum Menschen bei der Arbeit ausbrennen. Heilsam ist es, in den Unternehmen eine gesunde Kultur entstehen zu lassen, die den Faktor Wertschätzung stärker in den Fokus der Wertschöpfungskette stellt. In Workshops zum Thema „Von der Wertschätzung zur Wertschöpfung" erarbeiten wir mit Führungskräften eine Führungskultur, in der auch über Anforderungen, Engagement und Grenzen gesprochen wird (vgl. Schröder 2008). Hauptthemen sind dabei Vertrauen, Verantwortung, Sinn, Identität, Identifikation und Kommunikation.

Nur wenn Sie gesund sind, können Sie als Mitarbeiter zur Wertschöpfung und Profitabilität Ihres eigenen „inneren Unternehmens" und des Unternehmens, in dem Sie arbeiten, beitragen.

Um die Unternehmenskultur in einem Team oder einer ganzen Organisation zu erheben, gibt es ein ganz einfaches Instrument: Das Unternehmensthermometer.

→ Seminarübung

Bitte malen Sie auf eine Pinnwand ein großes Thermometer. Einigen Sie sich auf Kriterien, die das Maß für eine gute Unternehmenskultur umschreiben. Dann soll jeder Mitarbeiter des Teams in Form einer Markierung an der Temperaturskala seinen Wert eintragen oder ankreuzen.

Dieses Instrument ist zwar nicht wissenschaftlich valide oder reliabel – sehr wohl aber aussagekräftig.

Bitte beantworten Sie folgende Fragen und diskutieren Sie diese in der Gruppe:

→ *Wie empfinden Sie die Führungskultur in Ihrem Unternehmen?*

→ *Welchen Faktor hat die Wertschätzung in Ihrem Unternehmen?*

→ *Werden die Werte Ihres Leitbildes auch gelebt?*

→ *Was ist in Ihrem Unternehmen bereits an Maßnahmen zur Verbesserung der Wertschätzung aufgesetzt?*

→ *Wie wird Vertrauen im Unternehmen gelebt?*

→ *Welche Maßnahmen sind aufgesetzt, dass sich die Führungskultur im Unternehmen verbessert?*

5.3 Work-Life-Integration – Balance im Alltag

Der Begriff Work-Life-Balance ist in aller Munde, obwohl er einer Ganzheitlichkeit eigentlich nicht Rechnung trägt, weil er zwischen der Arbeit und dem Leben polarisiert. Besser wäre es, die Arbeit als Teil des Lebens zu sehen und die unterschiedlichen Aspekte des Lebens sinnvoll zu integrieren. Daher benutze ich statt Work-Life-Balance den Begriff Work-Life-Integration.

Die Work-Life-Integration im Alltag liegt in dem Zusammenspiel von Wollen, Können, Wählen und Handeln. Eingeschliffene Denk- und Verhaltensweisen oder Variationen des immer Gleichen sind auf Dauer weder innovativ noch wertschöpfend. Diese Tatsache wird Mitarbeitern, Teams und Unternehmen oft erst nach tief greifenden Reorganisationen oder Fusionen schmerzhaft bewusst. Im Schwerpunktbereich Burnout-Coaching ist der Kern der Arbeit das individuelle Begleiten, Stärken der Stärken und das Spiegeln der blinden Flecken der Persönlichkeit. Ziel ist es, Personal- und Persönlichkeitsentwicklung kongruent zu machen, um so die eigene Wertschöpfung signifikant verbessern zu können.

Insbesondere durch das Hinzuziehen eines neutralen Begleiters können folgende Dimensionen für die Verbesserung der eigenen Balance beleuchtet werden:

→ Neuorientierung und Begleitung des Findungsprozesses für die eigene Einstellung, Haltung und die mentalen Bilder
→ Reflexion der geänderten Rahmenbedingungen im Abgleich mit den eigenen Möglichkeiten und Grenzen
→ Reflexion alter Glaubenssätze und Stärkung neuer Verhaltensweisen
→ Unterstützung bei der Entscheidungsfindung sowie Finden neuer individueller Möglichkeitsräume
→ Erwerb neuer fachlicher Kompetenzen und Fertigkeiten, die zur Realisierung von Veränderungen erforderlich sind
→ Erarbeitung und Umsetzung eines individuellen Lern- und Entwicklungsplans
→ Eine situations- und fallspezifische Supervision hilft, bisherige Begrenzungen tiefer zu verstehen und damit zukünftig flexiblere Verhaltensoptionen zu ermöglichen

Machen Sie sich bitte klar, dass Sie bei einem angenommenen Schlafbedürfnis von acht Stunden täglich insgesamt 16 Stunden (das sind umgerechnet 960 Minuten) am Tag zur Verfügung haben. Lebenszeit ist ein sehr kostbares Gut, mit dem Sie achtsam umgehen müssen. Fangen Sie bei sich selbst an. Nehmen Sie sich Zeit für sich selbst. Verplanen Sie Ihr Leben nicht in Terminkalendern für Ihre Arbeit, sondern reservieren Sie genug Zeit für die Standortbestimmung der eigenen Work-Life-Integration auf Basis der folgenden vier Grunddimensionen:

WORK-LIFE-INTEGRATION – BALANCE IM ALLTAG

Loslassen
→ Alte Muster
→ Negative Glaubenssätze
→ Belastende Erwartungen

Umgang mit sich und anderen
→ Herzlichkeit
→ Seien Sie liebevoll zu sich selbst

Gesundheitsförderung
→ Überdenken Sie eigene
   Ansprüche und Erwartungen
→ Achten Sie auf genügend Schlaf
→ Treiben Sie Sport
→ Essen Sie bewusster und weniger
→ Weniger Alkohol, Kaffee und
   Zigaretten/Nikotin

KÖNNEN

**Persönliche Weiter-
entwicklung**
→ Sinn
→ Werte
→ Spiritualität
→ Lebensinventur

KOMMUNIKATIONS-
MANAGEMENT

Entspannung
→ Progressive Muskelrelaxation
→ Autogenes Training
→ Imaginations- und
   Visualisierungstechniken
→ Yoga
→ Qigong
→ Meditation

BEZIEHUNGS-
MANAGEMENT

Zeit für
→ Beziehungen
→ Freunde
→ Partner, Familie
→ Soziales Umfeld
→ Quatsch machen

WÄHLEN

WOLLEN

Intuition und Bauchgefühl
➜ Lauschen Sie Ihrem Körperbewusstsein
➜ Nehmen Sie Stresssymptome
ernst

Achtsamkeit
➜ Setzen Sie klare Erwartungen
➜ Machen Sie Pausen
➜ Achten Sie auf Ihre Balance
➜ Respektieren Sie Ihren Körper
➜ Träumen Sie Ihren Traum

BEFÄHIGUNGS-
MANAGEMENT

Präsent und authentisch sein
➜ Im Augenblick leben
➜ Einlassen auf den
Moment
➜ Kein Pendeln zwischen
Vergangenheit und
Zukunft

PERSÖNLICHKEITS-
MANAGEMENT

HANDELN

Lernen Sie ...
➜ „Nein" zu sagen
➜ Erwartungen zu überprüfen
➜ sich abzugrenzen
➜ mit Stress umzugehen
➜ den Mut zu haben, andere
zu enttäuschen
➜ nichts zu tun, wozu Sie sich nur
verpflichtet fühlen

Setzen Sie Prioritäten
➜ Machen Sie, was Sie am besten
können und woran Sie Spaß
haben
➜ Verzetteln Sie sich nicht
➜ Nehmen Sie sich selbst wichtig
➜ Setzen Sie Ihre Ziele konkret und
messbar um

1. Körper, Psyche und Gesundheit

→ Achten Sie auf Ihren Biorhythmus.

→ Halten Sie eine gute Balance zwischen An- und Entspannung.

→ Regelmäßige Bewegung tut gut.

→ Achten Sie auf Ihre Präsenz und Ihre Achtsamkeit in dem jeweiligen Moment – der Jetzt-Zeit.

→ Bleiben Sie präsent und lassen Sie Ihren Körperscanner eingeschaltet. Sprechen Sie Dinge direkt an, wenn Sie eine Störung spüren oder merken, dass Ihnen etwas gegen den Strich geht.

→ Überdenken Sie Ihre Ansprüche an sich und Ihre Leistungsfähigkeit.

→ Sorgen Sie für ausreichenden und regelmäßigen Schlaf.

→ Halten Sie Ihren Körper fit – Bewegung hilft gegen das Einrosten nicht nur der Knochen.

→ Achten Sie auf leichte und ausgewogene Nahrung.

→ Reduzieren Sie gegebenenfalls Ihren Alkohol-, Kaffee-, Medikamenten- und Nikotinkonsum.

→ Gehen Sie regelmäßig zu Check-up-Terminen zu Ihrem Zahnarzt und Hausarzt, um mögliche Erkrankungen rechtzeitig erkennen und behandeln lassen zu können.

→ Übung

Planen Sie, wie Sie zukünftig Bewegungsaktivitäten regelmäßig in Ihren Tagesablauf einbeziehen (sie sollten ein so fester Bestandteil werden wie das Zähneputzen). Ein Bewegungstagebuch bietet den Überblick, was Sie sich vorgenommen haben und zeigt, was Sie konkret davon umgesetzt haben. Die Struktur kann sehr einfach sein: die Liste mit Wochentagen und daneben je eine Spalte für die Planung und für die Notiz zu dem, was umgesetzt wurde.

	geplante Aktivität	durchgeführte Aktivität
Mo		
Di		
Mi		
Do		
Fr		
Sa		
So		

Ideen für mehr Bewegung gibt es reichlich; greifen Sie die folgenden auf, probieren Sie sie aus , verändern Sie sie oder entwickeln Sie Ideen, die Ihnen besser liegen:

→ Gehen Sie mehr zu Fuß.
→ Bewegen Sie sich zwischendurch. Nichts ist schlimmer, als den ganzen Tag still sitzen zu müssen.
→ Nehmen Sie statt des Aufzugs oder Rolltreppen lieber die Treppe.
→ Fahren Sie mal wieder mit dem Fahrrad zur Arbeit.
→ Machen Sie Dehnungsübungen zwischendurch.
→ Nehmen Sie sich mittags Zeit, um frische Luft zu tanken und mal in Ruhe um den Block zu gehen. Am besten zügig.
→ Gehen Sie mal wieder im Wald spazieren oder gehen Sie eine Runde schwimmen.

Egal was Sie umsetzen: Quälen Sie sich nicht mit dem Druck, ein hohes Pensum perfekt ableisten zu müssen, indem Sie auch in der Freizeit noch darüber nachdenken, sondern starten Sie mit himmlischem Vergnügen, guter Laune und Spaß eine Körper-Rundum-Wohlfühlaktion, um sich von den Strapazen des Tages zu erholen.

Schaffen Sie sich einen Ausgleich zur Arbeit. Monotone Routinetätigkeiten ohne Ausgleichsphasen können zu fader Verflachung führen. Es gibt ein englisches Sprichwort, das besagt: „All work and no play makes Jack a dull boy." Wer sich nur über die Arbeit definiert, ist in Belangen heiterer Zwischenmenschlichkeit oft eine Niete.

Das Zauberwort heißt „anfangen"! Auch lange Wege beginnen mit den ersten Schritten. Oft ist es der innere Schweinehund, der uns nach dauerstressbedingter Erschöpfung und Unlust davon abhält, uns jetzt auch noch körperlich zu betätigen. Wenn Sie aber diesen ersten kleinen Schritt in Richtung Weiterentwicklung machen, sind Sie dem Ziel bereits näher.

2. Sinn, Werte, Selbstverwirklichung und Spiritualität

→ Machen Sie eine Inventur Ihres bisherigen Lebens und richten Sie Ihr Leben nach Ihrer eigenen Vision aus.
→ Finden Sie heraus, was Ihnen wirklich wichtig ist.
→ Klären Sie Ihre Werte und Bedürfnisse.
→ Überlegen Sie, wie Sie in zehn Jahren leben und arbeiten möchten.
→ Finden Sie heraus, welche Rolle Spiritualität für Ihr Leben spielt.
→ Seien Sie vorsichtig mit Erwartungen, eigenen und denen anderer!
→ Seien Sie authentisch; verbiegen Sie sich nicht gegen Ihre Werte.
→ Vergrößern Sie Ihre Vorstellungskraft und nutzen Sie die neu gewonnenen Möglichkeitsräume sowie Ihre Fantasie für Dinge, die Ihnen Spaß machen und leicht von der Hand gehen.

3. Familie, Freunde und das soziale Umfeld

→ Machen Sie Quatsch und gönnen Sie sich mehr Spaß – Verkniffenheit geht immer nach hinten los.
→ Nehmen Sie sich Zeit für Ihr Privatleben.

→ Lachen Sie zwischendurch und lernen Sie, sich selbst nicht mehr so ernst zu nehmen.

→ Spielen Sie mal wieder. Am besten ganz ohne Ehrgeiz.

→ Beziehen Sie Ihren Partner und Ihre Familie auch in Ihre beruflichen Pläne ein.

4. Beruf, Karriere, Leistung, Performance

→ Fokussieren Sie konsequent auf Ihre persönlichen Ziele.

→ Think big: Arbeiten Sie daran, Ihren Traum umzusetzen – denken Sie daher langfristig und in großem Stil.

→ Planen Sie realistisch und nehmen Sie sich nur das vor, was Sie auch umsetzen können – weniger ist mehr!

→ Denken Sie an die Konsequenzen, wenn Sie zusätzliche Arbeit annehmen (müssen).

→ Organisieren Sie Ihre Arbeit und sich selbst, kümmern Sie sich um die Kernaufgaben und lassen Sie sich nicht vom Wesentlichen ablenken.

→ Reduzieren Sie Ihre Ansprüche und setzen Sie klare Erwartungen an andere.

→ Seien Sie nicht perfekt in der Vorbereitung.

→ Seien Sie achtsam mit E-Mails.

→ Lernen Sie, sich klar abzugrenzen und „Nein" zu sagen.

→ Delegieren Sie und haben Sie auch den Mut, Kollegen oder Mitarbeiter zu enttäuschen, indem Sie nicht zu allem „Ja" sagen.

→ Achten Sie auf Ihre Work-Life-Integration.

→ Nutzen Sie Pausen für die Entspannung und nicht zur Beantwortung von E-Mails.

Gekonnt Prioritäten setzen

Es geht nicht darum, in noch kürzerer Zeit mehr zu machen, sondern sich auf das wirklich Wesentliche zu fokussieren.

Um die täglichen Prioritäten gut herausarbeiten zu können, arbeite ich mit der bekannten Vierfeldertafel. Dabei werden auf der X-Achse die Dringlichkeit und auf der Y-Achse die Wichtigkeit aufgetragen (was auch unter dem Namen Eisenhower-Diagramm bekannt ist). Interessanterweise führen 20% Einsatz meist zu 80% der Ergebnisse (das so genannte Pareto-Prinzip).

Wofür investieren Sie Ihre (Lebens-)Zeit? Das sollten Sie wissen und herausarbeiten und sich dann auch eine Umverteilung überlegen, wenn Sie mit dem Ergebnis nicht zufrieden sind. Mit der folgenden Seminarübung können Sie das Thema aufarbeiten, was überlegt und gründlich erfolgen sollte; die Fragen sind nicht zum schnellen Durchgang, sondern zur gründlichen Bearbeitung gedacht. Im Optimalfall können Sie vorab zum Beispiel eine Woche lang ein Zeitprotokoll führen und die Übung mit gemessenen Zeiten anfüttern.

	wenig dringlich	dringlich
wichtig	**B** *zum Beispiel* → *Vision entwickeln* → *ICH-Zeit haben* → *Strategie erarbeiten* → *Persönliche Gesundheit* → *Beziehung lebendig erhalten*	**A** *zum Beispiel* → *„Feuerwehrlöschaufgaben"* → *Dringlich und wichtig, sofort auf den Tisch!* → *Sofort zu lösende Probleme* → *Drucker oder IT-System funktionieren*
nicht wichtig	**D** *zum Beispiel* → *Fernsehen* → *unaufgeforderte Werbung* → *Zeitdiebe*	**C** *zum Beispiel* → *Routineaufgaben* → *Post erledigen* → *E-mails* → *Besprechungen* → *Telefonate* → *Statistiken erstellen* → *Bestellungen* → *Buchhaltung*

→ Seminarübung

Bitte ordnen Sie die von Ihnen täglich verrichteten Tätigkeiten in diese Vierfeldertafel ein.

Diskutieren Sie dann die Tagesplanung mit anderen Seminarteilnehmern und notieren Sie Ihre Antworten:

→ *Wie viel Zeit verbringe ich täglich mit Routine (C-Bereich)?*

→ *Wie hoch ist der Zeitaufwand für Feuerwehrlöschaufgaben (A-Bereich)?*

→ *Wie viel Zeit kosten mich D-Aufgaben, wie zum Beispiel Fernsehen, unaufgeforderte Werbung lesen, etc.?*

→ *Wie viel Zeit investiere ich täglich in die Aufgaben, die wirklich wichtig sind, bevor sie dringlich werden (B-Aufgaben)?*

→ *Was ist wirklich wichtig und wesentlich?*

→ *Stellen Sie sich dabei bitte auch die folgenden Fragen:*

→ *Muss es überhaupt gemacht werden?*

→ *Muss ich es unbedingt SELBST machen?*

→ *Was passiert, wenn ich es nicht mache?*

→ *Was könnte schlimmstenfalls passieren?*

→ Übung: Persönliches Resümee ziehen

Ganz konkret: Was machen Sie persönlich, um Ihre Balance zu verbessern?

→ *Ich persönlich werde ...*

_____

_____

_____

Im Einzelnen:

→ *Um meine Gesundheit zu verbessern, mache ich ...*

_____

→ *Um mir und meinen Werten und Visionen besser auf die Spur zu kommen ...*

_____

→ *Ich erlaube mir ...*

_____

→ *Um mehr Spaß zu haben, mache ich …*

_____

→ *Um mehr Entspannung zu haben …*

_____

→ *In der Familie werde ich …*

_____

→ *Im Freundeskreis mache ich …*

_____

→ **Seminarübung**

Bitte diskutieren Sie die Relevanz des Themas Work-Life-Integration mit anderen Teilnehmern Ihrer Weiterbildungsveranstaltung.

→ *Ist das Thema Work-Life-Integration in einer Mitarbeiterbefragung aufgenommen worden?*

→ *Mit welcher Konsequenz?*

→ *Ist Work-Life-Integration Teil des Zielvereinbarungssystems?*

→ *Welche Maßnahmen sind in Ihrem Unternehmen aufgesetzt, um die Balance der Mitarbeiter zu verbessern?*

5.4 Von der Midlife-Crisis zur Midlife-Power

Das verloren gegangene Gleichgewicht der persönlichen Balance wiederherzustellen, ist eine große Herausforderung. Denn die äußeren Umstände, die zum Verlust der Balance beigetragen haben – Hektik, Druck und ständig zur Effizienz getrieben zu werden – setzen Widerstände entgegen. Das trifft insbesondere für viele Menschen „in den besten Jahren", also im Alter von „45+" zu. Im Coaching arbeite ich viel mit diesen „Best Agern", die nicht selten eine Midlife-Crisis erleben. Viele arbeiten wie verrückt, haben aber kaum mehr Zeit für sich, Familie, Hobbys oder Sport. Ein Coaching-Klient sagte mir: „Obwohl ich als Führungskraft recht gut verdiene, fühle ich mich bezüglich des kostbarsten Gutes, das ich habe – der Zeit – bettelarm. Ich habe das Gefühl, als lebte ich unterhalb des zeitlichen Existenzminimums."

Hier kann man aus einer Metapher aus dem Sport lernen. Im Fußball gibt es eine wichtige Regel: In der zweiten Halbzeit spielt man auf das andere Tor. Vergisst man das, schießt man Eigentore. Interessanterweise ist die zweite Halbzeit ganz oft spielentscheidend. Die Halbzeit ist eine Zäsur im Spiel – diese bietet die Möglichkeit einer grundlegenden Neuausrichtung.

ÜBERTRAGEN AUF DAS ARBEITSLEBEN IST SPÄTESTENS DER ÜBERGANG IN DIE ZWEITE HÄLFTE DER ZEITPUNKT, DIE PERSÖNLICHE BALANCE ZU ÜBERPRÜFEN UND ZU VERÄNDERN. DIE MIDLIFE-CRISIS KANN EINE WENDE ZUR MIDLIFE-POWER EINLEITEN.

Ziele und Lebensprioritäten verändern sich

Die Prioritäten in unserem Leben verändern sich mit der Zeit. Werden im Säuglingsalter primär die Grundbedürfnisse erfüllt, geht es später – je nach Reifegrad der Persönlichkeit – möglicherweise um folgende Kriterien, die drei Phasen entsprechen:

→ Streben nach dem Angenehmen: Karriere, Macht, Prestige und Status
→ Streben nach Weiterentwicklung auf Basis persönlicher Stärken
→ Wachstum im großen Kontext – Klärung der fundamentalen Fragen eines sinnvollen Lebens – Sich-Einlassen auf das kosmische Ganze und auf eine spirituelle Dimension unserer Existenz

In der Phase des Strebens nach dem Angenehmen wollen wir, dass es uns gut geht, indem wir materielle Dinge erreichen: eine gute Stellung (in Beruf und Gesellschaft), vielleicht ein Haus bauen, eine Familie gründen, anerkannt sein und ausreichend Geld zur Verfügung haben. Der Hauptaspekt liegt auf dem materiellen Haben.

In der Phase des Strebens nach persönlicher Weiterentwicklung wollen wir uns nach unseren persönlichen Potenzialen entwickeln, nach eigenen Wertvorstellungen und Stärken leben und das machen, was uns entspricht. Der Hauptaspekt liegt auf dem persönlichen Sein.

In der Phase des inneren Wachstums in einem größeren Ausmaß spielt das Ego keine Rolle mehr. Es geht nun um ein sinnvolles Leben. Darum, zu verstehen, warum und wozu etwas geschieht. Darum, sich in das große Ganze hinzugeben und eingebunden zu sein in einen größeren Kontext, ohne Wollen und ohne Streben die eigene spirituelle Dimension zu leben. Ziel ist es, die Aufgabe zu erkennen, die wir hier auf der Welt wahrnehmen sollen. Der Hauptaspekt liegt auf dem spirituellen Sein und dem Sinn. Wenn der Sinn fehlt, ist die Bereitschaft, etwas zu leisten, gering.

Selten sind diese drei Phasen klar voneinander getrennt. Häufig finden sich in verschiedenen Abschnitten des Lebens unterschiedliche Fassetten oder Anteile dieser Phasen.

> ### → Seminarübung
>
> *Wie sieht es bei Ihnen aus? Folgende Fragen können hilfreich sein:*
>
> → *Was ist mir persönlich wirklich wichtig?*
>
> → *Warum bin ich hier?*
>
> → *Was ist der Sinn?*
>
> → *Warum geschieht das so?*
>
> → *Was will ich erreichen?*
>
> → *Was will ich bis zu meinem Lebensende erreicht haben?*
>
> → *Wie will ich leben?*
>
> → *Wozu bin ich bereit?*
>
> → *Was will ich nicht mehr?*

Antworten auf diese Fragen finden Sie nicht im Außen. Es geht daher nicht darum, außer sich, sondern im Innen – bei sich – zu sein.

Körperliche und geistige Leistungsfähigkeit verändern sich

Jeder dritte Deutsche, der älter als 45 Jahre ist, leidet unter Ein- und Durchschlafstörungen. Tendenz steigend. Das Beachten des individuellen Biorhythmus ist wichtig, um einer depressiven Verstimmung und einem Burnout vorzubeugen. Unser Wohlbefinden setzt eine intakte innere Uhr voraus. Wir sind dann erfolgreich, wenn unsere innere Uhr synchronisiert ist und wir ausreichend Schlaf bekommen. Sitz der als innere Uhr bezeichneten Struktur ist der Nucleus suprachiasmaticus im vorderen Hypothalamus unseres Gehirns. Dort wird die genetisch determinierte Periodizität mit dem natürlichen Tag-Nacht-Wechsel synchronisiert. Taktgeber sind unter anderem Licht und Melatonin, aber auch körperliche Aktivität, Nahrungsaufnahme und das soziale Umfeld. Die Störung dieser zirkadianen Rhythmik hat Wechselwirkungen mit unserer Empfindlichkeit für Stress (Stressvulnerabilität), der Regulation von Neurotransmittern und unserem Verhalten. Durch Störungen der inneren Uhr können Depressionen verstärkt werden.

Middle Ager sprechen im Coaching-Gespräch außerdem häufig folgende Themen an:
→ Energiereserven sind schneller aufgebraucht
→ Die körperliche Leistungsfähigkeit sinkt
→ Die Fähigkeit, mit Belastungen umzugehen, verringert sich
→ Das Zutrauen zu sich selbst wird geringer
→ Existenzängste – Pack ich es überhaupt noch?
→ Kein Erleben von Wertschätzung durch Kollegen

- Schlafstörungen, innere Unruhe, Grübeln
- Unkonzentriertheit, Wortfindungsstörungen
- Unsicherheit und Angst
- Gefühl der Sinnlosigkeit

Arbeiten Sie aktiv daran, die Midlife-Power – also Ihre Leistungsfähigkeit – auf einem hohen Niveau zu erhalten. Achten Sie auch auf ausreichenden Schlaf. Sportliche Betätigung ist ein wichtiger Beitrag, um die persönliche Leistungsfähigkeit zu erhalten. Jenseits der 45er-Marke beginnt der Körper, schneller abzubauen. Ein Ziel also ist es, möglichst viele Jahre lang 45 Jahre alt bleiben zu können. Die Prävention von Erkrankungen spielt eine wichtige Rolle. Es gibt valide Feedbacksysteme, die Ihnen anzeigen können, wie es um Ihre Leistungsfähigkeit und Ihre Stressbewältigungsmöglichkeiten steht. Nutzen Sie die Kompetenz professioneller Unternehmen, die sich auf dieses Gebiet fokussiert haben.

Medizinisch sinnvolle Untersuchungen
Körperliche Untersuchungen einschließlich Bewegungsapparat und Status des Herz-Kreislauf-Systems:
- EKG in Ruhe
- Belastungs-EKG/Spiroergometrie
- Ultraschalldiagnostik: Farbdoppler-Echokardiografie des Herzens und der Halsgefäße
- Ermittlung des Herzinfarktrisikos

Sinnvolle Untersuchungen des Magen-Darm-Trakts und innerer Organe:
- Ultraschalldiagnostik
  innere Organe (Untersuchung des Bauchraums – Abdomen-Sonografie)
- Ultraschalldiagnostik der Schilddrüse (Sonografie)
- Rektale Untersuchung des Mastdarms und der Prostata

Können Sie sich vorstellen, dass es viele Menschen im Alter von 45+ gibt, die in schnellen Autos schnell auf der linken Spur auf der Autobahn fahren – und dabei nur schlecht sehen? Nicht nur daher bieten sich weitere medizinische Screeninguntersuchungen an:
- Sehtest (Schärfe, Phorie, Stereosehen, Fusion, Farbtüchtigkeit)
- Hörtest
- Lungenfunktionsüberprüfung in Ruhe (Spirometrie)

Laboruntersuchungen runden das medizinische Profil ab:
- Blutuntersuchungen mit Blutbild, Gerinnungs- und Entzündungsparametern, Leber-, Nieren-, Schilddrüsen-Parametern, Elektrolyten, PSA (Mann), Blutzucker-, Cholesterin- und Blutfettwerten
- Harn- und Stuhluntersuchungen

Wichtig ist, sich einen Arzt zu suchen, der sich Zeit für ein ausführliches Abschlussgespräch nimmt, in dem auch detaillierte Gesundheitsempfehlungen ausgesprochen werden.

Midlife-Power enthält das Wort Power. Ein gesundes Personal Training sorgt mit seiner Gesundheitsdiagnostik, der Vermittlung von umfangreichen Gesundheitsinformationen, individuellen Trainingsplänen, Gesundheitstipps und umfangreichen Praxisanteilen dafür, dass Gesundheit, Leistungsfähigkeit und Vitalität nachhaltig in den Lebensalltag zurückkehren können. Für den Bereich Herz-Kreislauf – Bewegung – Fitness bieten sich an:

- ➔ Ist-Analyse des Bewegungsverhaltens
- ➔ Check des biologischen Alters anhand medizinischer und körperlicher Parameter
- ➔ Ausdauer-Check, Analyse der Fettstoffwechselaktivität, Trainingsempfehlungen
- ➔ Fitnesscoaching – Individuelle Gesundheitssteuerung mit Laktat- und Herzfrequenzbestimmung

Ernährung und Stoffwechsel sind wichtige Parameter einer ausgeglichenen Midlife-Power.

Es kann sinnvoll sein, sein Ernährungsverhalten analysieren zu lassen. Eine Ernährungsberatung mit Analyse der Fettstoffwechselaktivität gibt sinnvolle Hinweise auf eine ausgewogene Ernährung. Im täglichen Speiseplan sollten auf jeden Fall viel Obst und Gemüse, aber nur geringe Mengen an Fett und Zucker erscheinen.

➔ Seminarübung

Bitte beantworten Sie die folgenden Fragen für eine gesunde Ernährung:

- ➔ *Ernähren Sie sich ausgewogen? Es geht darum, Schwankungen im Energiehaushalt zu vermeiden.*

- ➔ *Kochen Sie selbst? Gemeinsam mit Freunden und Bekannten kann das Kochen zum Event werden.*

- ➔ *Nehmen Sie sich genügend Zeit zum Essen? Essen Sie achtsam und genießen Sie das Essen.*

- ➔ *Trinken Sie genügend Wasser? Kopfschmerzen, Gereiztheit, Müdigkeit und Konzentrationsschwierigkeiten können Hinweise auf einen Flüssigkeitsmangel geben.*

→ *Achten Sie auf eine ausgewogene Energiebilanz? Die kleine Schokolade oder der Keks führen durch den hohen Zuckeranteil zu Blutzuckerschwankungen, die zum Energieloch führen können, bei dem sich der Körper schlapp und müde fühlt. Anstatt zu Naschen könnten Sie, falls Sie sich müde fühlen, lieber einmal durchs Treppenhaus laufen. Falls Sie Hunger haben, können Sie auch Obst oder Gemüse essen.*

→ *Was tun Sie für eine gute Verdauung? Bewegen Sie sich ausreichend? Viermal in der Woche circa 15 Minuten Bewegung sind ein guter Anfang.*

Wie bereits in den vorherigen Kapiteln angesprochen, sind Entspannungsverfahren und mentale Fitness eine gute Grundlage, um mit Stress gelassener umgehen zu können. Eine professionelle Stressdiagnostik und ein Check der mentalen Fitness können hilfreich sein, die Punkte zu entdecken, die zukünftig verbessert werden können.

Vielen Führungskräften fehlt die Kraft. Wie steht es um Ihre Bauchmuskeln und Ihre Kraft im Rücken? Ein Back-Check und ein Rückencoaching unterstützen ein rückengerechtes und beschwerdefreies Verhalten. Dies ist gerade für Büroangestellte wichtig. Um Ihre Kraft, Ausdauer, Koordination und Flexibilität zu überprüfen, bieten sich ebenfalls valide Maßnahmen an, die durch konkrete Trainingstipps und Ausdauerempfehlungen ergänzt werden können. Diese sind z.B.:

→ Koordinationscheck – Diagnostik der Koordinationsfähigkeit
→ Flexibilitätscheck – Diagnostik der körperlichen Flexibilität
→ Kraftcheck – Diagnostik der körperlichen Kraftverhältnisse

Dazu gibt es vielfältige Angebote mit unterschiedlichen Ansätzen und jeder kann selbst herausfinden, was ihn anspricht. Entscheidend ist der erste Schritt, nämlich die Balance von Körper, Seele und Geist als eine wichtige Voraussetzung für einen gesunden und energetisch sinnvollen Umgang mit der Arbeit und uns selbst zu begreifen und zu akzeptieren. In dem Moment, in dem dies gelebt und in das tägliche Leben integriert ist, ist die Voraussetzung geschaffen, gesund und fit zu bleiben.

Die Kunst besteht darin, mit distanzierter Achtsamkeit über den Dingen zu stehen, anstatt in ihnen stecken zu bleiben. Wir dürfen uns nicht in unseren Problemen verstricken und gegen sie ankämpfen, sondern sollten lieber auf den Wellen der Möglichkeiten und Alternativen surfen.

Setzen Sie auf eine von Begegnung und Respekt getragene Art von Beziehungsfähigkeit und gehen Sie in Resonanz mit den Lebensgesetzen. Dies bedeutet auch, Arbeit nicht als Wettbewerb gegen andere, sondern als Spielplatz der Synergien zu entdecken. Und das geht nur gemeinsam. Beim gemeinsamen Spielen eröffnen sich mehr Möglichkeiten als beim eigenbrötlerischen gegeneinander Anrödeln.

→ **Aufspürfragen und Denkanstöße zur Selbstreflexion**

→ *Wodurch werde ich aktiv?*

→ *Was beflügelt mich, etwas zu unternehmen?*

→ *Wie komme ich in die Gänge?*

→ *Was bringt mich in Bewegung?*

→ *Wann fühle ich mich lebendig?*

→ *Wie könnte ich mehr Quatsch machen und meiner Lebensfaszination auf die Sprünge helfen?*

→ *Mit wem fühle ich mich verbunden?*

→ *Wer sind meine Freunde?*

→ *Welche Menschen sind mir wichtig?*

→ *Wie kann ich mich sinnvoll in eine Gemeinschaft einbringen?*

→ *Wo finde ich helfende Hände?*

→ *Mit wem kann ich Fertigkeiten und Talente teilen?*

→ *Wie kann ich Synergien schaffen?*

→ **Erlaubnisgeber zur Burnout-Prophylaxe**

! *Ich darf meine Ideen auch in die Tat umsetzen.*

! *Ich erlaube mir, in dem mir ganz eigenen Tempo zu gehen.*

! *Es ist meine Pflicht, dass ich das mache, was mir wirklich entspricht.*

! *Ich erlaube mir, verwegener zu sein. Mit Quatschmachen ist schon für Lebensvergnügen gesorgt.*

! *Ich muss mir nicht immer selbst helfen, sondern darf andere um Unterstützung bitten. Gemeinsam können wir Größeres leisten.*

! *Mir ist klar, dass der einfachste und erfolgreichste Weg, etwas zu erreichen, der ist, den wir gemeinsam gehen.*

! *Ich erlaube es mir, mein Netzwerk aktiv zu nutzen.*

→ ## Zusammenfassung

→ Die wichtigsten Faktoren Ihrer Burnout-Firewall sind die Gesundheitsförderung, die Work-Life-Integration und gesunde Energiequellen.

→ Der sinnvolle und achtsame Umgang mit der Zeit ist ein maßgeblicher Hebel, um nicht in den Hektik-Strudel des Alltags zu rutschen.

→ Fördern Sie Ihre Gesundheit – aktiv und regelmäßig.

→ Achten Sie auf Ihr Körperbewusstsein und vertrauen Sie Ihrer Intuition.

→ Lernen Sie „Nein" zu sagen und sich abzugrenzen.

→ Achten Sie auf ausreichend Pausen.

→ Nehmen Sie sich Zeit für Beziehungen und soziale Kontakte.

→ Arbeiten Sie in einem für Sie sinnvollen Rhythmus.

→ Stellen Sie um auf Jetzt-Zeit und pendeln Sie nicht permanent zwischen den Erfahrungen aus der Vergangenheit und den Erwartungen an die Zukunft.

→ Reservieren Sie sich Zeit für Ihre eigene Weiterentwicklung.

→ Sorgen Sie für frische Luft, ausreichenden und regelmäßigen Schlaf, ausreichende Pausen und genügend Entspannung.

→ Gönnen Sie sich eine gute und gesunde, vitaminreiche Ernährung und lassen Sie die Sonne in Ihr Herz.

→ Halten Sie Ihren Körper fit – Bewegung hilft gegen das Einrosten nicht nur der Knochen.

→ Verwöhnen Sie sich mit Dingen, die Ihnen Spaß machen. Machen Sie Quatsch, lachen Sie aus vollem Herzen und nehmen Sie nicht alles zu ernst.

→ Mit einer spielerischen Art können Sie sich voll auf das Leben einlassen.

→ Seien Sie liebevoll zu sich selbst.

→ Der Anspannung muss Entspannung folgen. Entspannen Sie sich mehrmals täglich zwanzig bis dreißig Sekunden – das hilft und macht Spaß.

→ Die Gesundheit ist unser wichtigstes Gut. Dies gilt in hohem Maße auch für Unternehmen. Mitarbeiter können nur dann Höchstleistungen und damit Profitabilität bringen, wenn sie gesund sind.

→ Resümee, Umsetzung, Transfer

1. Persönlicher Aktionsplan

Welches sind für mich die wichtigsten Erkenntnisse aus diesem Kapitel?

_____

_____

Wo, wann und wie werde ich diese in die Praxis umsetzen?

_____

_____

2. Notizen

Welche Wirkung möchte ich konkret für mich erzielen?

_____

_____

Welche Wirkung könnte ich in meinem Arbeitsumfeld erzielen?

_____

_____

3. Follow-up-Übung – die persönliche Evaluation

Bitte bearbeiten Sie diesen Bereich circa vier Wochen nach dem Seminar/Workshop bzw. nach Durcharbeiten dieses Kapitels.

Was ist mir bei der Umsetzung meines Aktionsplans besonders gut gelungen?

_____

_____

Was ist mir bei der Umsetzung meines Aktionsplans weniger gut gelungen?

_____

_____

Was waren die Hindernisse?

_____

_____

Welche Erkenntnisse gewinne ich daraus?

_____

_____

Zu guter Letzt: Die Tage und Wochen danach

Dranbleiben am Thema und dranbleiben an sich selbst heißt nach einem Seminar oder Workshop bzw. nach dem Durcharbeiten des Buches die Devise. Die Zukunft Ihrer Gesundheit und somit Ihrer Wertschöpfung bestimmen Sie selbst. Jeden Tag!

→ **Übung: Konkrete nächste Schritte**

Inspiriert durch die neu aufgenommenen Kenntnisse und neu gewonnenen Überzeugungen werde ich ganz konkret verändern:

→ *Auf diese drei Dinge möchte ich selbst in den nächsten vier Wochen besonders Wert legen:*

1. _____

2. _____

3. _____

→ *Das Folgende werde ich ganz konkret unternehmen, damit das geschieht, was ich mir vorgenommen habe:*

_____

_____

→ *Diese kleine Veränderung könnte für mich dabei den größten Fortschritt bedeuten:*

_____

_____

→ *Ich tue konkret das Folgende, damit ich an dem Thema und an mir dranbleibe:*

_____

_____

Literatur

Quellen und Stimulanzien zum Quer- und Weiterlesen

→ Ahn, A.C. / M. Tewari / C.S. Poon et al.: The limits of reductionism in medicine: Could systems biology offer an alternative? PloS Med 2006, 3(6): e208.

→ Bents, Richard / Reiner Blank: Typisch Mensch. Beltz Test, Göttingen 2004.

→ Bergner, Thomas: Burnout bei Ärzten. In: Deutsches Ärzteblatt 2004; 101; A 2232–2234 (Heft 33).

→ Blank, Reiner / Richard Bents: Sich und andere verstehen. Claudius, München 2010.

→ Blech, Jörg: Heilender Geist. Spiegel-Online-Interview. Nov. 2008.

→ Boos, Frank / Barbara Heitger (Hrsg.): Veränderung – systemisch. Klett-Cotta, Stuttgart 2008.

→ Bowen, Will: Einwandfrei. Goldmann Arkana, München 2008.

→ Branden, Nathaniel: Die 6 Säulen des Selbstwertgefühls. Piper, München 2011.

→ Bräutigam, Walter / Paul Christian / Michael von Rad: Psychosomatische Medizin. Thieme, Stuttgart, New York 1997.

→ Bridges, William: Der Charakter von Organisationen. Hogrefe, Göttingen, Bern, Toronto, Seattle 1998.

→ Burisch, Matthias: Das Burnout-Syndrom. Theorie der inneren Erschöpfung. 3. Auflage, Springer, Heidelberg 2010.

→ Buser, Kurt / Ursula Kaul-Hecker: Medizinische Psychologie, Medizinische Soziologie. 5. Auflage, Urban & Fischer, München 2003.

→ Cashdan, S.: Interactional psychotherapy: Stages and strategies in behavioral change. Grune & Stratton, New York 1973.

→ Covey, Stephen R.: Die 7 Wege zur Effektivität. Heyne, München 2005.

→ Cyrulnik, Boris: Mit Leib und Seele. Hoffmann und Campe, Hamburg 2007.

→ Dahlke, Rüdiger: Krankheit als Symbol. C. Bertelsmann, München 2007.

→ Dahlke, Rüdiger: Reisen nach Innen. Heyne, München 2004.

→ DeMarco, Tom: Spielräume. Hanser, München, Wien 2001.

→ Deshimaru-Roshi, Taisen: ZEN in den Kampfkünsten Japans. Werner Kristkeitz Verlag, Heidelberg 1994.

→ Dilk, Anja / Heike Littger: Des Guten zu viel. Burnout im Urlaub. managerSeminare, Heft 144, März 2010, 24–30.

→ Felser, Georg: Motivationstechniken. Bibliographisches Institut, Mannheim 2008.

→ Fischer, Theo: Wu Wei. Rowohlt, Reinbek 2005.

→ Flach, Frederic F.: In der Krise kommt die Kraft. Herder, Freiburg 2005.

→ Friedrichs, E. / B. Pfistner / D. Aldridge: Qigong-Yangsheng-Übungen als Begleittherapie bei Migräne und Spannungskopfschmerz. Ergebnisse einer multizentrischen prospektiven Studie. In: Dt. Zeitschrift für Akupunktur 46, 4/2003, 6–17.

→ Gendlin, Eugene T: Focusing. Otto Müller Verlag, Salzburg 1981.

→ Gendlin, Eugene T.: Focusing. Selbsthilfe bei der Lösung persönlicher Probleme. Rowohlt, Reinbek 2002.

→ Goldberger, A: Non-linear dynamics for clinicians: Chaos theory, fractals, and complexity at the bedside. Lancet 347: 1312–1314, 1996.

→ Goleman, Daniel: Emotionale Führung. Econ, München 2002.

→ Gollwitzer, Peter M.: Implementation Intentions. Strong effects of simple plans. American Psychologist, July 1999, 493 – 503.

→ Gordon, Thomas: Manager Konferenz. Heyne, München 2005.

→ Grandin, Temple: Ich sehe die Welt wie ein frohes Tier. Eine Autistin entdeckt die Sprache der Tiere. Ullstein, Berlin 2008.

→ Gruen, Arno: Der Verrat am Selbst. Deutscher Taschenbuch Verlag, München 1992.

→ Gruen, Arno: Der Wahnsinn der Normalität. Deutscher Taschenbuch Verlag, München 1992.

→ Handelsblatt: Psychische Krankheiten nehmen zu. Auszeit, Handelsblatt vom 25.03.2009.

→ Hanh, Thich Nhat: Das Wunder der Achtsamkeit. Theseus, Berlin 2009.

→ Hoff, Benjamin: Pu der Bär, Ferkel und die Tugend des Nichtstuns. Deutscher Taschenbuch Verlag, München 1999.

→ Hüther, Gerald: Bedienungsanleitung für ein menschliches Gehirn. Vandenhoeck & Ruprecht, Göttingen 2010.

→ Hüther, Gerald: Biologie der Angst. Wie aus Stress Gefühle werden. Vandenhoeck & Ruprecht, Göttingen 2012.

→ Ivanovas, G. / V. Tomaras: Abhärtung, Adaptation und Robustheit. Erkenntnistheoretische Grundlagen. Komplement. Integr. Med. 11–12, 2008, 10–15.

→ Kaschka, Wolfgang P. / Dieter Korczak / Karl Broich: Burnout – a fashionable diagnosis. Dtsch. Ärztebl. Int. 2011; 108 (46); 781 – 787.

→ Katie, Byron: Über Selbstverwirklichung. Goldmann Arkana, München 2006.

→ Khema, Ayya: Nicht so viel denken, mehr lieben. Jhana Verlag, Oy-Mittelberg 2008.

→ Kielholz, Paul / Carlo Adams: Vermeidbare Fehler in Diagnostik und Therapie der Depression. Deutscher Ärzte Verlag, Köln 1991.

→ Korczak, Dieter / Christine Kister / Beate Huber: Differentialdiagnostik des Burnout-Syndroms. Schriftenreihe Health Technology Assessment (HTA) in der Bundesrepublik Deutschland. DIMDI, Köln, 2010.

→ Letzel, S. / C. Escobar Pinzon: Burnout-Syndrom aus Sicht der Arbeitsmedizin. Deutsche Zeitschrift für Akupunktur, Supplement 1, Elsevier – Urban & Fischer, Jena 2005.

→ Levine, Peter A.: Trauma-Heilung. Das Erwachen des Tigers. Synthesis, Essen 1999.

→ Leymann, H.: Mobbing. Psychoterror am Arbeitsplatz und wie man sich dagegen wehren kann. Rowohlt, Reinbek 1996.

→ Liberman, Jacob: Natürliche Gesundheit für die Augen. Piper, München 2006.

→ Meyer, Axel: Kosmologie des Augenblicks. Taoasis, Lemgo 1989.

→ Müller-Timmermann, Eckhart: Burnout im Arztberuf. Die Risiken des People Work und Wege zu neuer Arbeitsfreude. In: Dt. Zeitschrift für Akupunktur, Supplement 1, Jena 2005.

→ Noll, Peter / Hans Rudolf Bachmann: Der kleine Machiavelli. Piper, München, Zürich 2011.

→ Ots, Thomas: Das Burnout-Syndrom. Wissenschaftstheoretische Überlegungen West-Ost. In: Dt. Zeitschrift für Akupunktur, Supplement 1, Jena 2005.

→ Prochaska, James O. / Carlo C. Diclemente / John C. Norcross: In search how people change: Applications to addictive behaviors. American Psychologist 47, Nr. 9: 1102–1114, 1992.

→ Pschyrembel Klinisches Wörterbuch. Walter de Gruyter, 263. Auflage, Berlin, New York 2011.

→ Riemann, Fritz: Grundformen der Angst. Ernst Reinhardt Verlag, München 2011.

→ Scheithauer, Falk / Andreas W. Friedrich / Eva Rehle: Die Lebensenergie stärken mit Qi Gong. Südwest, München 2000.

→ Schellenbaum, Peter: Abschied von der Selbstzerstörung. Deutscher Taschenbuch Verlag, München 1995.

→ Schellenbaum, Peter: Das Nein in der Liebe. Deutscher Taschenbuch Verlag, München 1993.

→ Schellenbaum, Peter: Die Wunde der Ungeliebten. Kösel, München 1998.

→ Schröder, Jörg-Peter: Auf zur zweiten Halbzeit. Kösel, München 2008.

→ Schröder, Jörg-Peter: Der OMEGA-Faulpelz. Gabal, 2. Auflage, Offenbach 2006.

→ Schröder, Jörg-Peter: Scheitern als Chance. Bibliographisches Institut, Mannheim 2010.

→ Schröder, Jörg-Peter: Wege aus dem Burnout. Bibliographisches Institut, 3. Auflage, Mannheim 2006.

→ Schröder, Jörg-Peter / Reiner Blank: Von der Wertschätzung zur Wertschöpfung. Wie Teams im Klinikum eine eingeschworene Verantwortungsgemeinschaft werden. f&w, 1/2009, 26. Jahrg., 40–44, Bibliomed, 2009.

→ Schröder, Jörg-Peter: Von der Wertschätzung zur Wertschöpfung. Wertschätzende Kommunikation und Vertrauen als präventive Faktoren gegen Burnout – am Beispiel von „kranken Häusern". In: Work-Life-Balance für Extremjobber, eds Ringlstetter, M. und S. Kaiser, S. 181–197, Springer, Berlin 2010.

→ Schulz von Thun: Miteinander Reden 3. Rowohlt, Reinbek 2010.

→ Senge, Peter M. / Art Kleiner / Bryan Smith / Charlotte Roberts / Richard Ross: Das Fieldbook zur fünften Disziplin. Klett-Cotta, Stuttgart 2008.

→ Sennett, Richard: Respekt im Zeitalter der Ungleichheit. Berlin Verlag, Berlin 2004.

→ Siebert, Al: The Resilience Advantage, Master Change, Thrive under Pressure and Bounce back from setbacks. Practical Psychology Press, Portland 2005.

→ Johannes Siegrist: Gratifikationskrisen als psychosoziale Herausforderungen. Arbeitsmed. Sozialmed. Umweltmed. 2009 (44) 574–579.

→ Spiegel Online vom 23.12.2011: Blackberry-Pause. VW-Betriebsrat setzt E-Mail-Stopp nach Feierabend durch.

→ The Lancet: Why business is bad for your health. Editorial, The Lancet, Vol. 336/9416, p. 1173, 2004.

→ Tilmann, Klemens: Einführung zur Meditation. Benzinger, Einsiedeln 1981.

→ Tolle, Eckhart: Jetzt! Kamphausen, Bielefeld 2010.

→ Upledger, John E.: Somato Emotional Release and beyond. UI Publishing, Palm Beach Gardens 1990.

→ Van der Kolk, Bessel: Psychological Trauma. American Psychiatric Press, 1987.

→ Von Witzleben, Ines / Aljoscha A. Schwarz: Endlich frei von Angst. Gräfe und Unzer, München 2007.

→ Wagner, A.: Robustness and evolvability in living systems. Princeton University Press, 2007.

→ Watzlawick, P.: Anleitung zum Unglücklichsein. Piper, München 2009.

→ Webster-Doyle, Terrence: Karate. Die Kunst der leeren Hand. Werner Kristkeitz Verlag, Heidelberg 2002.

→ Weiser Cornell, Ann: Focusing. Der Stimme des Körpers folgen. Rowohlt, Reinbek 2002.

→ Whitmont, Edward C.: Psyche und Substanz. Narayana Verlag, Kandern 1997.

→ Wilber, Ken: Integrale Psychologie. Arbor, Freiamt 2001.

→ Zimbardo, Philip G. / Richard J. Gerrig: Psychologie. Springer, Berlin, Heidelberg, New York 2003.

Über den Autor

Dr. Jörg-Peter Schröder, geb. 1962, arbeitet als Arzt und Führungscoach seit 1987 an der Nahtstelle von Führung, Gesundheit und Persönlichkeitsentwicklung. Als Burnout- und Resilienz-Experte begleitet er Führungskräfte und Unternehmen in Umbruchsituationen.

Mit internationaler Führungserfahrung in renommierten Konzernen unterstützt er Unternehmen, Teams und Individuen beim Aufbau einer gesunden Unternehmenskultur. Er moderiert Tagungen und Kongresse und hält internationale Workshops und Vorträge zu den Themen:

→ Unternehmensgesundheit und Führungskunst
→ Authentische und gesunde Persönlichkeitsentwicklung
→ Midlife-Power für Best Ager (45+)
→ Blockadenabbau, Burnout- und Stressbewältigung
→ Von der Wertschätzung zur Wertschöpfung
→ Führungs-Kraft-Training
→ Gelenkte Imagination, integrative Entspannung und Meditation

Seit seiner Jugend beschäftigt er sich mit ostasiatischer Kampfkunst und Meditation. Der gebürtige Hamburger lebt mit seiner Familie in Rheinhessen.

Kontakt zum Autor und Zugang zum Netzwerk

Wenn Sie mehr über das Führungscoaching und meinen Ansatz zu Führungskunst, Unternehmensgesundheit, Burnout, Resilienz und authentischer Persönlichkeitsentwicklung erfahren möchten, schreiben Sie mir bitte einfach eine E-Mail. Gern stehe ich Ihnen im Coaching als Begleiter zur Verfügung, um mit Ihnen zusammen Ihre Situation zu klären und Sie in wichtigen Lebensfragen und bei der ganz konkreten Umsetzung Ihrer persönlichen Weiterentwicklung zu unterstützen.

Natürlich freue ich mich auch über jede Art von Feedback und Anregungen. Elektronisch bin ich nur einen Mausklick von Ihnen entfernt.

Ihr Dr. Jörg-Peter Schröder

Führungscoaching und Unternehmensgesundheit
www.frequenzwechsel.de

Stichwortverzeichnis

Mentaltraining

Ein positives Selbstbild als Erfolgsfaktor

Für alle, die ihre Leistungsfähigkeit und ihr Selbstmanagement verbessern möchten. Dieses Buch gibt Ihnen den notwendigen Anstoß zum Handeln und trainiert anhand vieler Aufgaben Ihre erfolgreiche Selbstmotivation.

Georg Felser
Selbstmotivation
160 Seiten, kartoniert
ISBN 978-**3-589-24071-5**

Weitere Informationen zum Programm erhalten Sie im Buchhandel oder im Internet unter **www.cornelsen.de/berufskompetenz**

Cornelsen Verlag • 14328 Berlin
www.cornelsen.de